Attirez un emploigrâce à la Loi de l'Attraction

Slavica Bogdanov

Livres du même auteur:

Maigrir Sans SouffrirAttirez
l'amour
Attirer l'argent grâce à la loi de l'attraction
101 Moyens Faciles pour Augmenter vos Ventes
Le Petit Cahier d'exercices sur la Loi de l'Attraction auxÉditions
Jouvence

DÉDICACE

Ce livre vous est dédié
Vous qui avez eu le courage de changer votre vie!

Bravo!!

Vous avez passé l'étape la plus difficile:Le premier pas!

Celui de décider qu'il est temps de changer, une fois pour toute

Vous allez trouver du travail, l'emploi de vos rêves etAccepter l'abondance dans votre vie

Je serais avec vous, désormais, pour vous aider sur votre route

Slavica Bogdanov

TABLE DES MATIÈRES

Slavica Bogdanov

INTRODUCTION

Je vous remercie de vous être procuré ce livre. Au cours de mes nombreuses années de recherche sur le succès et sur la loi de l'attraction, j'ai découvert ce qui se passe dans l'univers lorsque nous sommes à la quête de quelque chose que nous souhaitons obtenir. Lorsqu'il s'agit de travail, certaines lois universelles s'appliquent plus particulièrement.

Je souhaitais permettre au plus grand nombre de gens de pouvoir accéder à la richesse et l'abondance qui font partie de mon quotidien. Je veux que vous ayez l,emploi dont vous rêver afin que le travail soit associé au plaisir et au bonheur. La prospérité est accessible à tout le monde et je veux que, vous aussi, vous en bénéficiiez!

Je sais aussi qu'il est possible en tout temps de changer les circonstances de sa vie. Parfois, les choses se produisent bien plus rapidement que l'on ne pouvait se l'imaginer au départ.

Ce que je vous propose dans ce livre n'est pas un guide d'emploi pour chômeurs désespérés. Ce que je vous propose c'est une méthode prouvée pour utiliser la loi de l'attraction afin d'attirer à vous toutes sortes de richesses. Je veux que vous vous serviez de ce livre pour attirer à vous l'emploi dont vous avez toujours rêvé et de vivre aisément grâce à ces revenus. Ce livre s'adresse aussi bien aux chercheurs d'emploi qu'à ceux qui ont déjà un travail et veulent trouver mieux.

Peu importe d'où vous venez et qui vous êtes. Peu importe votre passé et votre éducation. Ce livre fonctionne pour tout le monde. J'ai combiné les principes de base des lois du succès et de l'attraction. J'ai ajouté des découvertes inédites qui ont la possibilitéde vous propulser au sommet.

J'ai créé un guide pratique afin que vous puissiez incorporer chaque enseignement dans votre routine quotidienne. Certaines des leçons empreintes des routines des gens qui ont énormément de succès pour que vous sachiez comment faire pour vous attirer le succès, la prospérité et attirer l'emploi rêvé. D'autres enseignements sont venus à moi au cours de mes nombreuses années de recherche et expérimentation sur les lois de l'attraction et du succès.

Certaines personnes n'ont aucune difficulté à vivre de leur passion. Pourquoi pas vous? Elles ne sont pas plus intelligentes que vous. Elles appliquent tout simplement les lois de la prospérité dans leur quotidien.

Je suis la preuve vivante que ma méthode fonctionne. Je l'ai aussi enseignée aux personnes que j'ai personnellement coachées.

"Participer à la conférence de Slavica Bogdanov a complètement transformé ma vie. Ça a ouvert des portes dont j'ignorais l'existence. Cela fait un an maintenant et je vois encore l'impact que cela a eu. Je vie d'une façon différente et pense différemment. Elle m'a fait voir comment la Loi de l'attraction affectait ma vie. Je recommande à tout le monde. Je ne sais toujours pas comment on a fait, mais depuis que je suis son coaching, j'ai gagné le salaire de l'an passé en 20 jours. J'ai presque du mal à le croire." ~ Philippe Lefevre

À force de lectures intensives sur le sujet, de recherches sur la loi de l'attraction, sur l'accumulation d'informations pertinentes sur les clefs de la réussite, j'en suis arrivée à comprendre et utiliser ma méthode pour attirer la richesse et l'abondance au quotidien en vivant de ma passion. Je sais que vous le pouvez aussi.

Grâce à ma méthode, vous apprendrez comment vous libérer de vos peurs et vos pensées de manque. Vous développerez assez de confiance en vous et d'amour propre pour être capable d'attirer de l'argent plus facilement grâce à votre emploi idéal.

Comme coach professionnelle, je voulais combiner mes méthodes de coaching qui ont eu le plus de succès auprès des gens que j'ai suivis personnellement afin de vous offrir le meilleur système possible pour utiliser la loi de l'attraction pour la prospérité.

Comme coach, je veux vous pousser à vous dépasser, à atteindre votre but et savoir que je suis avec vous à chaque pas. Vous aurez à faire des modifications de comportements importants qui vous permettront de gagner plus, mieux gérer vos finances et accumuler du surplus d'argent.

J'ai créé ce programme entièrement afin d'augmenter votre amour propre ainsi que des moyens concrets d'attirer l'emploi idéal et le conserver.

Peu importe qui vous êtes, en ouvrant ce livre, je suis fière de vous. Je sais comme c'est dur de faire ce premier pas. Vous avez fait le plus dur. Vous avez choisi d'améliorer votre vie. Vous devez vous sentir fier de vous car vous avez fait le pas le plus difficile, celui de changer. Vous avez déjà commencé.

Décidez que, cette fois-ci, c'est LA BONNE! Ne lâchez pas ce livre. Apportez le avec vous, ou que vous soyez. Il sera votre meilleur ami durant votre transformation positive.

Je serai avec vous pendant ce temps comme j'aurai voulu que quelqu'un m'accompagne durant mon processus d'amélioration personnelle.

Chaque semaine, je vais vous donner des exercices très faciles à faire qui auront pour but de modifier votre façon de penser et d'agir et de vous ouvrir aux lois du succès et de l'attraction afin d'attirer beaucoup plus d'argent dans votre vie et l'emploi de vos rêves. Vous allez expérimenter des changements internes importants. Les exercices ne seront pas compliqués mais demanderont votre participation et collaboration entière.

Même si vous ne changez qu'un comportement, vous aurez déjà fait un pas important dans la bonne direction et ce livre aura valu la peine d'être lu et écrit. Si vous en faites plus, bravo!! Plus vous en ferez, plus les changements seront impressionnants.

Je ne veux pas que vous changiez toutes vos habitudes pour ensuite revenir à la charge à ce que vous fassiez par le passé. Je souhaite vous voir vous améliorer sur le long terme et pour de bon. Votre vie financière sera complètement transformée. C'est certain!

Êtes-vous prêt à changer votre vie? Êtes-vous prêt à vous transformer? Voulez-vous briller comme vous pouvez briller? Vous le méritez!

DITES OUI!!! ET Croyez en vous! Allez dites

OUI!!! OUI!!!
Encore et encore!!

OUI!!

Cet ouvrage fonctionne encore mieux lorsque vous télécharger le cours complet à https://store.slavicabogdanov.com/collections/french-francais/products/attirez-lemploi-ideal-grace-a-la-loi-de-lattraction

Slavica Bogdanov

1. LA MÉTHODE EXPLIQUÉE

Avant de sauter dans le vif de votre plan d'attraction de l'emploi idéal, je voulais vous expliquez la méthodologie que vous allez suivre tout au long de ce processus.

Comme vous le savez sûrement, la loi de l'attraction se base sur le principe que vous attirez à vous ce sur quoi vous pensez le plus souvent en déployant le plus d'énergie.

Ce livre a été conçu comme un programme intensif de coaching établi sur 90 jours. 90 jours semblent très long, je le sais. Cependant, je voulais vous permettre d'avoir des résultats durables et de changements internes positifs qui resteront avec vous tout au long de votre vie. Ces 90 jours sont déjà passés de nombreuses fois sans que votre vie ait changé. 90 jours passeront encore sans que votre vie ne change si vous n'adopter pas cette méthode. Tout ce qui peut se passer, c'est que votre vie s'améliore exponentiellement dans les prochains 90 jours. Votre vie se mettra à s'améliorer rapidement bien avant la fin de ce livre si vous décider de suivre tous les exercices prescrits.

Cet ouvrage est composé comme un plan d'actions quotidien et un journal personnel. Le plan d'action vous permet de suivre facilement ce que vous avez besoin de faire chaque jour alors que le journal vous permet d'écrire vos succès qui augmenteront avec le temps.

Il est capital de faire les deux. Le journal vous permet de vous concentrer sur le positif ce qui aura pour effet d'en attirer davantage.

Les exercices prescrits dans le plan d'action ont été créés spécifiquement pour augmenter votre amour propre (sentir ainsi que vous mériter d'être riche et de recevoir l'emploi dont vous rêvé) et attirer la richesse etla prospérité.

Pour ce faire, nous allons :

- Augmenter votre amour propre

- Définir exactement combien vous souhaitez gagner en faisant quel type exacte de travail

- Établir un programme de visualisation

- Retirer vos pensées négatives, vos blocages mentaux et vous apprendre à répondre à ces petites voix internes qui vous empêchent d'avancer.

- Vous empêcher de penser aux problèmes, au manque d'emploi et aux dettes mais changer votre point de vue pour vous concentrer vers les solutions et la richesse.

- Comment lâcher prise et ne plus être si attaché au résultat.

- Développer une méthode pour attirer l'argent et l'emploi idéal dans votre vie beaucoup plus facilement.

Vous allez avoir à faire des exercices précis au fur et à mesure que vous avancer.

Plus vous suivrez la méthode, plus vos chances de réussite seront élevées. En pratiquant, vous arriverez à modifier vos comportements et votre façon de penser.

Je veux que vous soyez fier de vous, que vous ayez confiance dans l'univers et que vous vous ouvriez à l'amour qui existe autours de vous!

Si c'est ce que vous souhaitez, dites le haut et fort!

Dites OUI JE LE VEUX

JE VEUX VIVRE DANS L'ABONDANCE ET LARICHESSE !!!

Dites le!!!!

Slavica Bogdanov

2 SE PREPARER AU CHANGEMENT

La première étape pour recevoir de l'univers et accéder au succès est de savoir ce que l'on veut exactement.

Avant tout, j'aimerai que vous vous fassiez la promesse solennelle que vous êtes prêt à accumuler plus d'argent dans votre vie et que vous vous engager à faire tout ce qui est en votre pouvoir pour attirer votre emploi idéal.

Nous commençons toujours par prendre une décision ferme et claire de changer. Même si vous l'avez fait par le passé, vous ne l'avez jamais comme ceci.

Vous avez besoin de décider que vous voulez gagner plus d'argent en exerçant la profession rêvée (surtout pas déclarer que tout ce que vous souhaitez c'est payer vos dettes!)

DECIDEZ!   DITES_LE HAUT ET FORT: JE DECIDE DE CHANGER!

Fixez votre but:

Je veux que vous écriviez ici la date avant laquelle vous aimeriez obtenir le travail de vos rêves ainsi que le montant d'argent souhaité. Il peut s'agir d'un revenu mensuel. Soyez réalise. Sur une échelle de 1 à 10, 10 représentant un but inatteignable, le vôtre devrait sesituer autours de 6-7. Vous devez le croire possible.

La confiance dans l'univers est primordiale.

Allez!! Je sais que vous allez y arriver!

Écrivez-le ici:

Moi,   soussigné   (votre   nom)
_____déclare
solennellement que je m'engage à faire tout ce qui est en   mon
pouvoir   pour   attirer   l'emploi   de
_____ pour   un   revenu
minimum de_____par ____(mois) avant le :
_____(date).

Votre signature ici : _____

Vraiment génial!!!

Savez-vous que 98% des gens n'écrivent pas leursbuts!
Et vous venez de le faire!!!
FANTASTIQUE!

Quoi? Vous ne l'avez pas encore écrit? Voushésitez?

Vous n'avez rien à perdre!Allez! Écrivez
votre but!

GO GO GO !!! SUPER!!! Le plus dur est fait!

Vous pouvez être stressé d'avoir mis sur papier un but qui vous semble si distant, inatteignable ou impossible. Ne vous inquiétez pas. Rappelez-vous que dans l'immensité de l'univers, TOUT est vraiment POSSIBLE!

TOUT VA BIEN ALLER!!!

Bientôt, vous aurez tellement d'estime de vous et de confiance en l'univers (les deux vont de pair) que les circonstances qui vous entourent sembleront changerd'elles même.

TOUT VA BIEN ALLER!!!

SACHEZ QUE CE QUE VOUS CHERCHEZEXISTE EN ABONDANCE!!!

Décrivez l'emploi rêvé

Si vous ne savez pas ce que vous cherchez, vous aurez du mal à le trouver.

Si vous ne savez pas ce que vous aimeriez faire, si vous n'avez pas encore trouvé l'emploi que vous aimeriez exercez et qui vous passionnerait, vous pouvez faire le travail mental simple suivant :

Imaginez que vous avez 10 millions en banque mais seulement 5 ans à vivre, quel travail feriez gratuitement pour les 5 dernières années de votre vie.

Les gens qui aiment ce qu'ils font ne peuvent s'imaginer d'arrêter de le faire. Cet exercice va cous aider à découvrir ce que vous voulez vraiment faire.

J'aimerai que vous soyez aussi précis que possible. Décrivez le nombre d'heures que vous aimeriez travaillé. Ne vous mettez pas trop de limites. L'univers n'en a pas. Rêvez en grand. Vous pourriez être surpris!

_____
_____
_____
_____
_____
_____
_____
_____
_____
_____

Attirez un emploi grâce à la loi de l'attraction

Trouver l'emploi : première étape

Vous allez faire ceci immédiatement et jusqu'à la fin de votre programme. Vous allez chercher et faire la liste de toutes les associations qui ont de près ou de loin un lien avec l'emploi rêvé.

Vous allez vous inscrire au plus grand nombre d'entres elles. Trouvez-vous des mentor qui vont vous renseigner et vous motiver à réussir. Croyez-moi, la plupart de gens adorent raconter comment ils sont arrivé là ou ils se trouvent et de nombreuses personnes seront ravies de pouvoir vous guider.

Demandez et vous recevrez. Allez aux réunions et ayez pour mission de rencontrer un maximum de gens qui font déjà ce que vous rêvez faire. Demandez leur de l'aide. Vous aurez peut-être quelques refus mais vous finirez certainement par trouver quelqu'un.

Vous pouvez aussi décider d'offrir vos services d,apprenti (même gratuitement). Assistez, aidez quelqu'un qui fait le métier que vous désirez faire. Vous apprendrez énormément et serez ainsi baigné de succès.

Le pourquoi est plus fort que le comment:

J'aimerais que vous fassiez l'exercice suivant du mieux possible.

J'aimerais que vous me nommiez toutes les raisonspour lesquelles vous désirez atteindre votre but.

Les raisons ne doivent pas inclure les autres. Il ne doit pas s'agir de faire plaisir à autrui, de trouver l'emploi qui plaît à vos proches parents, pour que vos parents cessent de vous casser les oreilles avec ça....

Je veux que vous me disiez pourquoi vous voulez trouver un emploi.

Énumérez toutes les raisons.

Cette liste sera votre moteur de motivation. Dès que vous vous sentirez faillir, revenez ici et relisez cette liste. Rappelez vous pourquoi vous souhaitez réussir.

Plus vos raisons seront fortes et puissantes, plus votre cerveau trouvera des moyens de vous faire parvenir à vos fins. Si vos raisons ne sont pas suffisamment motivantes, il y a de fortes chances que vous abandonniez en cours de route.

Vous devez changer votre état émotionnel du manque à l'abondance afin d'attirer l'abondance. En écrivant les raisons pour lesquelles vous souhaitez vivre dans l'abondance, vous démarrez déjà ce changement émotionnel primordial.

Bon, vous ne savez pas quoi écrire. Laissez-moi vousaider un peu.

Voici quelques raisons auxquelles je peux penser:Pour

dormir tranquille
Pour vivre dans le soulagement
Pour vous acheter tout ce que vous souhaitezPour être encore plus généreux
Pouvoir être fier de son emploi
Pouvoir faire ce que l'on aime et être payé pour ça

Rappelez-vous de ne jamais inscrire des raisonsnégatives comme :
Pour ne pas avoir de dettesPour ne pas être stressé
Pour ne pas manquer d'argent
Pour ne pas finir mes jours dans les regrets d'une vie dans un travail qui ne me plaisait pas.

En effet, pour la loi de l'attraction, deux idées négatives ne s'éliminent pas. Elles ne font qu'attirer deux foisplus de négatif.

Allez, c'est votre tour. Écrivez autant de raisons que vous pouvez. Vous pouvez revenir ici si vous en trouvez d'autres :

_____
_____
_____
_____
_____
_____
_____
_____
_____
_____
_____
_____
_____
_____
_____
_____
_____
_____
_____
_____
_____
_____
_____
_____
_____
_____

Attirez un emploi grâce à la loi de l'attraction

Le bilan de votre réalité

Ce sera probablement la première et dernière fois que je vous demanderais de regarder votre réalité. La seule raison pour laquelle je veux que vous fassiez votre bilan financier est pour vous permettre de contempler votre succès à la fin du programme.

Sachez que la majorité des gens font la grave erreur de se baser sur leur ''réalité'' présente pour juger de leur potentiel à améliorer leur situation financière. Or, il n'en est rien! Plus vous contemplerez votre réalité, plus vous attirerez la même chose dans le futur, à cause de la loi de l'attraction. Il va falloir changer de point de vue pour changer votre état financier.

Certains vont dire qu'il est difficile de ne pas voir la réalité telle quelle est. En effet. Ce n'est pas facile. Cependant, plus vous penserez à vos Problèmes quotidiens, plus vous observerez ce qui ne va pas, plus vous vous concentrerez sur votre soi-disant réalité, plus celle-ci continuera. Les solutions se trouvent en cherchant des solutions et non en regardant les problèmes. Grâce à ce livre, vous aller apprendre comment changer votre point de vue et vous alignervers l'abondance.

Avant de débuter ce voyage extraordinaire vers la prospérité, j'aimerai que vous inscriviez tous les détails de vos finances ci-dessous.

Compte en banque :
Compte d'épargne :
Dettes accumulées :
Valeur immobilière si à lieu (celle-ci se calcule en calculant votre prêt hypothécaire – la valeur de revente de votre maison) :

Votre bilan :

N'ayez pas peur de faire le calcul et tout inscrire. N'ayez crainte du résultat. Tout peut changer rapidement.

Une fois que vous aurez fait vos comptes, vous aurez moins peur de cette réalité, vous serez moins tenté delui fuir.

Plus vous avez peur, plus vous attirerez de raisons d'avoir peur. Donc, décidez de changer votre état d'esprit. De nombreuses personnes sont passées par là et vous n'en mourrez pas! Trump a perdu des milliards! Ford a fait faillite 4 fois!

Vraiment, ce ne sont que des chiffres! Il n'y a vraiment pas de quoi avoir peur!

Bravo!!! Maintenant que c'est fait, nous pouvons changer le tout!

Votre part de responsabilité

Souvent, lorsque l'on vit des circonstances difficiles, il semble plus facile de blâmer les autres.

J'entends souvent les gens qui vivent des problèmes financiers blâmer l'État, la crise économique, le manque d'éducation appropriée du système éducationnel, le manque de ressources, le manque d'amis biens placés, le passé dans une famille pauvre... Il semble évident que les raisons liées au manque d'abondance proviennent d'un tas de circonstances dont vous n'avez pas le contrôle. IL N'EN N'EST RIEN!!

En fait, les circonstances sont semblables pour bon nombre d'individus qui vivent dans l'abondance et la prospérité. La crise économique n'a jamais empêché l'enrichissement de certains. De nombreuses personnes très riches viennent de parents pauvres et ont été élevé dans des milieux défavorisés. Beaucoup ont l'emploi deleur rêve dans n'importe quelles circonstances.

Tout dépend de vous et de votre manière de réagir face aux circonstances. Plus vous pointerez du doigt l'extérieur pour prouver votre incapacité à trouver l'emploi rêvé, plus cet état de fait se maintiendra. En blâmant autrui, vous offrez votre pouvoir et le perdez ainsi.

Dès que vous acceptez votre entière responsabilité dans ce qui vous arrive, vous pourrez reprendre l'entière contrôle sur votre vie. Si tout dépend de vous, il est beaucoup plus facile de prédire le futur que si tout dépend de circonstances dont vous n'avez pas le contrôle.

Par conséquent, dès à présent, vous devez reprendre l'entière responsabilité de votre vie financière. Vous n'avez pas besoin de crouler sous le fardeau de la culpabilité. Nous apprendrons plus tard à gérer ce sentiment.

Pour le moment, je veux juste que vous acceptiez que vous êtes responsable de votre vie.

Je veux que vous signiez le serment suivant :

Moi, soussigné_____(votre nom) prend l'entière responsabilité de ma situation financière. De ce fait, je deviens conscient que j'ai le contrôle complet sur mes finances et mon emploi et que rien ne dépend de personne d'autre que moi. J'ai tout le pouvoir de rebâtir ma vie financière et de prospérer grâce à l'emploi rêvé.

_____(votre signature)

Aimez-vous vraiment l'argent?

J'aimerai que vous preniez un instant pour vous demandez comment vous vous êtes senti depuis la lecture de cet ouvrage lorsque vous avez croisé les mots tels que ''riches''. Est-ce que, au fond de vous, vous avez senti une haine pour ces gens. Avez-vous eu des pensées telles que : ''C'est sûr qu'ils ont de l'argent, ils ont profités des autres'', ''les riches s'enrichissent les pauvres s'appauvrissent'', ''les riches ont des bons comptables et pas moi'', ''ils ont de la chance'', ''ils travaillent tout le temps'', ''ils sont avares et ne profitent pas de la vie''.

Comment vous sentez-vous lorsque vous pensez à la richesse? J'aimerai que vous preniez quelques minutes pour écrire toutes les pensées négatives qui vous viennent quand vous pensez aux riches ou à l'argent :

_____

_____

_____

_____

_____

_____

_____

_____

_____

_____

_____

_____

_____

Sachez que les gens riches, à part pour leur manière de respecter leur argent, ne se distinguent pas de vous. Il y a des gens avares gentils, aimables, méchants, pervers,

…dans tous les niveaux de richesses. Je me suis rendue compte que l'argent ne fait qu'augmenter les qualités ou défauts que vous avez déjà au fond de vous. Les gens simples, généreux et bons demeurent ainsi avec ou sans argent. Les individus méchants, aigris, avares le seront à tous les moments de leur vie.

Si vous pensez que les gens riches sont pires que les autres, vous craignez peut-être inconsciemment que certains de vos défauts s'accroîtront avec votre prospérité.

Je vous conseille d'étaler vos défauts et d'apprendre à les apprécier. Trouver les qualités de vos défauts. Trouvez en quoi ces défauts vous servent. Si ils ne vous servent pas, alors changez!! Tout le monde peut semodifier à tout instant.

Je me suis aperçue que 2 défauts résultaient souvent dans des problèmes financiers : l'arrogance (le manque d'humilité) et le manque de gratitude.

Prenez le temps de nommer vos défauts. Vous aurez moins peur de devenir un ''vilain'' riche si vous remarquez, qu'au fond, vous êtes vraiment une bonne personne.

_____

_____
_____
_____
_____
_____
_____
_____
_____
_____
_____
_____
_____

_____

Comment traitez-vous l'argent? Si vous froissez vos billets, les jetez dans un pots sans compter, les gaspillez, les perdez... Il va s'en dire que vous le traitez sans le moindre respect et que vous ne lui offrez aucun amour.

Aussi absurde que cela puisse paraître, l'argent est une énergie qui répond extrêmement bien à l'amour. Plus vous aimez votre argent (sans l'idolâtrer), plus vous le conserverez. Plus vous aimez les sources de vos revenus, plus vous accumulez des richesses.

À partir d'aujourd'hui, j'aimerai que vous fassiez attention à votre argent. J'aimerai que vous le défroissiez, que vous le placiez avec attention dans votre porte-monnaie, que vous le respectiez comme une personne aimée que vous aimeriez attirer dans votre vie. Ces petits gestes auront de grandes conséquences.

Un premier pas vers l'abondance

Vous ne pourrez jamais trouver l'abondance en pensant à la pauvreté et au manque. Par conséquent, vous devez cessez de ressasser tous les fléaux financiers qui vous minent l'existence.

La meilleure manière de savoir si vous pensez à la richesse ou à l'abondance et d'écouter vos sentiments. Lorsque votre estomac se noue, il est évident que vous pensez au manque.

Vous devez changer ça!! La seule façon de vous attirer le meilleur est de penser au meilleur et de vous sentir au mieux. Alors comment faire lorsque l'on est stressé et que l'on ne pense qu'au manque de travail?? Il faut prendre l'habitude de changer votre pensée du ''je ne veux plus'' au ''je veux''.

La première promesse que vous devez vous faire et pratiquer est de remplacer toutes vos pensées de manque par des pensées de prospérité.

Dès que vous vous sentirez oppressé, arrêtez-vous et examinez votre pensée. Si vous pensez aux dettes ou au manque d'emploi, décidez de changer et de penser à l'argent qui vient à vous.

Vous allez peut-être croire qu'il est ridicule de s'imaginer que le simple fait de changer votre état de penser peut transformer votre état financier. Et bien, oui. C'EST TRÈS PUISSANT!! Grâce à la loi de

l'attraction, ce à quoi vous pensez le plus est ce que
vous attirerez le plus.

Plus vous mettez votre attention sur ce que vous ne voulez pas, plus
vous vous l'attirez! C'est comme si vous déployiez une grosse
bannière '' Les problèmes sont bienvenus ici''. Vous constaterez
que les gens qui parlent le plus de richesses sont ceux qui vivent le
plus dans l'abondance.

Prenez un petit papier, un carton ou portez un élastique autours du
poignet qui vous rappellera à l'ordre. Dès que vous sentirez stressé,
arrêtez-vous et dites haut et fort ce que vous voulez et non ce que
vous ne voulez pas. Si nécessaire, relisez les raisons pour lesquelles
vous voulez l'emploi de vos rêves. Ainsi, vous changerez votre état
émotionnel, spirituel et intellectuel ce qui aura pour effet de
transformer votre champsd'attraction.

Vous ne savez peut-être pas encore mais vous êtes connecté à une
source inépuisable d'information et d'intelligence. Certains
l'appellent l'âme, d'autres Dieu. Pour d'autres, il s'agit de la
puissance de cette machine exceptionnelle qu'est le cerveau. Une
chose est certaine, peu importe comme vous la nommez, cette partie
de vous contient toutes les solutions pour que vous atteigniez la
prospérité.

Une manière extrêmement puissance pour activer cette parie qui
sommeille en vous est tout simplement de lui demander et de la
laisser faire, sans que votre conscient s'en mêle. Dès que vous
vous mettez à raisonner dans

la peur en ne regardant que le problème, vous bloquez la force cette partie importante de votre être. Vous embrouillez votre vision car vous la remplissez de doutes et de craintes.

Une bonne façon de laisser faire et ainsi de laisser agir la loi de l'attraction et votre force intérieure est derépéter fréquemment :

''Je laisse la résolution des problèmes financiers et de travail au Dieu qui est en moi et je marche désormais libre de cette difficulté droit devant moi!''

Écrivez cette phrase sur un carton et transportez –là avec vous. Lorsque vous sentirez que vous vous en faites tellement que vous êtes incapable de penser à des solutions possibles, dites cette phrase à haute voie avec forte intention. Ensuite, attelez-vous à faire autre chose que de réfléchir. Occupez-vous pour ne plus penser à vos ennuis d'argent ou de travail.

Les problèmes d'addiction

Avant de continuer plus loin, j'aimerai adresser une question sérieuse qui est primordiale pour la suite des événements.

Si vous buvez seul, en excès, si vous ne pouvez passer une semaine sans un verre d'alcool, je vous conseille fortement de régler ce problème en premier lieu. Il en va de même si vous avez des problèmes de jeux (qui ne peuvent être contrôlé). Si vous fumez, je vous conseillerai fortement d'arrêter.

Si vous avez un ou plus symptôme qui vous afficherait comme ayant une addiction, il faut vous en débarrasser. Non seulement, celles-ci vont à l'encontre de la prospérité, mais les addictions sont liées à un problème bien plus profond qui vous empêchera de prospérer.

Un sentiment profond parfois inconscient de culpabilité va se développer. La culpabilité est une des plus grande cause du manque d'estime de soi. L'estime de soi est fondamentale à votre réussite. En effet, sans amour propre, vous ne penserez pas que vous méritez votre dû et, par conséquent, ne l'attirez pas.

L'addiction est souvent le symptôme d'un manque profond d'amour. J'ai réglé certains problèmes d'addiction en augmentant substantiellement l'amour propre de l'individu en question. Si vous suivez tous les exercices prescrits dans ce livre (surtout le premier) vous améliorerez votre amour propre. Il faut cependant complètement se défaire de l'addiction pour prospérer. Vous me direz que certaines personnes sont riches et alcooliques. Il est vrai mais la prospérité et l'abondance englobe également la santé. Ces gens-là manquent d'une autre partie importante du tout qui s'appelle le succès.

L'argent est une énergie qui aide à vous procurer beaucoup de bien mais ce n'est pas la plus importante chose dans la vie. Si vous n'avez plus votre santé, vos millions auront perdu de leur lustre et vous les échangerez volontier pour une cure miracle.

Vous devez développer votre amour de vous et cet amour commence par faire attention aux excès. Je vous prie donc de vous débarrasser de ceux-ci au plus tôt.

Les avantages des inconvénients

L'exercice qui va suivre va vous permettre de retirer les premiers blocages qui vous empêchent d'avancer.

Le voici : Si vous n'avez pas le salaire, les revenus ou l'état financier qui vous convient, c'est que, au fond de vous, vous trouvez des avantages à vivre dans cette situation à laquelle vous n'êtes peut-être pas prêt de renoncer.

Vous ne vous en rendez peut-être pas compte mais il est clair que vous êtes là ou vous êtes car vous le souhaitez. Ce n'est pas toujours facile à accepter mais c'est vraiment ainsi. Personne ne reste sur place si il n'y trouve pas des avantages. Ceux-ci peuvent être inconscients mais ils existent tout de même. Vous ne seriez pas là ou vous êtes si cela ne vous plaisait pas du tout. Il est important que vous acceptiez le conceptsuivant afin de pouvoir continuer.

Tous les inconvénients comportent des avantages. Il est dur parfois d'accepter que l'on aime se plaindre et c'est pour cette raison que l'on se maintient dans une situation déplaisante. Il est parfois difficile d'accepter cette partie de soi qui aime le problème, car, sans lui, on devrait affronter l'inconnu : le confort, le bonheur, une vie sans soucis.

L'exercice suivant sert à déceler ces raisons (avantages) et de les transformer par des avantages encourus lorsque vous obtiendrez l'emploi voulu.

J'aimerai que vous nommiez tous les avantages que vous trouvez à être sans emploi, endetté ou dans une situation financière négative.

Cet exercice va débloquer les premiers concepts qui vous empêchent de vivre dans la prospérité. C'est un exercice très important alors je vous invite fortement à ne pas le sauter. Prenez votre temps et revenez-y régulièrement pour vous assurer que vous ne dérapez pas de nouveau.

Je vous en offre quelques unes pour vous aider.

Je n'ai pas à gérer beaucoup d'argent
Je peux me plaindre sans cesses
J'ai l'appui de mes amis dans la même situation que moi
Je garde mon importance
Mes proches ne se sentent pas menacé par mon succès
C'est tout ce que je connais
Je ne sais pas ce que je ferai si tout allait bien
Je ne serais pas déçu par du succès qui peut m'apporter une rechute à tout reperdre
Je n'ai pas à affronter ma peur de l'échec

À votre tour

_____
_____
_____
_____
_____
_____
_____
_____
_____
_____
_____
_____
_____
_____
_____
_____

J'aimerai désormais que vous remplaciez ces avantages
par des inconvénients. Par exemple :
C'est tout ce que je connais : Je veux développer mes
connaissances sur la vie des riches
Je ne sais pas ce que je ferai avec beaucoup d'argent : je vais
apprendre à savoir le dépenser
Je ne serais pas déçu par du succès qui peut m'apporter une rechute
à tout reperdre : Je pourrai conserver ma richesse pour toujours.

À votre tour

_____
_____
_____
_____
_____
_____
_____
_____
_____
_____
_____
_____
_____
_____
_____
_____
_____

Maintenant, vous allez trouver de nouveaux avantages, ceux qui sont liés à votre richesse. Par exemple :

Je vais vivre dans le soulagement
Je n'aurais pas à me priver
Mes enfants vont en bénéficier
Je vais être aimé pour qui je suis, un individu qui réussi

Certaines raisons peuvent ressembler à ce que vous avez écrit dans la section des ''pourquoi'' qui vousmotivent. Répétez-les au besoin.

_____

_____
_____
_____
_____
_____
_____
_____
_____
_____
_____
_____
_____
_____
_____
_____
_____
_____

Le prochain exercice constitue également à se débarrasser d'un immense blocage mental. Peu de gens en parlent mais il est vital.

De nombreuses personnes vivent leur vie par procuration. Elles dépendent des "qu'en-dira-t-on" et des "on attend de moi''. Un des plus grands blocages à utiliser la loi de l'attraction de façon positive provient du fait que de nombreuses personnes ne se permettent pas de réussir pour ne pas nuire à une personne aimée. Les gens se sabotent souvent, car inconsciemment ils ne souhaitent pas faire de l'ombre à un membre de la famille rapprochée ou à un ami de longue date.

Avez-vous remarqué comme la colère peut monter en vous quand vous agissez malgré vous pour faire plaisir à autrui, surtout si vous faites quelque chose qui vous déplait ou qui vous prend du temps que vous vouliez accorder à une autre activité vous important davantage. Vous vous sentez obligé soit parce que l'autre vous a rendu service dans le passé et vous demande subtilement de lui rendre la pareille ou parce que c'est un parent proche à qui vous n'avez pas la force de dire "non". De même, vous pouvez ressentir énormément de frustrations quand vous aidez quelqu'un "qui ne le méritait pas". Ces colères sont fréquemment causées par la distorsion qu'il y a entre l'attention et l'amour que vous vous portez et celle que vous offrez aux autres. Plus vous vous sentirez "taxé" et plus vous serez frustré.

Le conseil d'un proche peut causer un réel blocage (souvent inconscient) à manifester votre désir. D'une part, vous ne voulez pas déplaire ou décevoir la personne aimée. Si le conseil vient d'un parent proche, il est possible que vous vous sentiez confronté à l'autorité parentale vous rappelant les ordres qu'il faillait obéir en bas âge. Cette situation risque de vous mener vers un conflit interne. Vous voulez réussir et atteindre votre but, mais vous voulez aussi être aimé, significatif et accepté.

Ceci peut se traduire par l'impossibilité de gagner plus

d'argent parce que, par exemple, un parent ou ami proche se sentirait ''inutile'' car son rôle se limitait à vous remonter le moral ou vous aider financièrement. Voici l'exemple d'une cliente que la mère aidait sans cesses. La relation entre la mère et la fille était minée : la mère poule se sentait importante dans la vie de sa fille lorsqu'elle pouvait l'aider en lui prêtant de l'argent. Bien que l'orgueil de la fille était blessé (ce qui en plus démolissait son estime de soi) et que celle-ci détestait l'aide de sa mère, elle ne voulait pas (inconsciemment) dénigrer à sa mère son rôle important de protecteur. L'amour maternel s'exprimait par l'argent offert et la fille ne souhait pas, sans même s'en rendre compte, blesser la mère en étant capable d'être en charge de ses finances. Elle continuait donc à se mettre dans des situations ou l'aide financière de la mère était nécessaire. Ainsi, la mère retrouvait son rôle aimant, aidant, s'inquiétant. Nous avons réussi à changer cet état lorsque la cliente s'est rendue compte de cette relation et a offert un autre rôle d'importance à sa mère. Elle lui demande régulièrement son avis, requiert son aide dans des tâches diverses. La mère ainsi conserve son rôle sans que cela influence la vie financière de sa fille.

Pour l'exercice suivant, demandez-vous, au sujet de votre situation financière ou de votre maque d'emploi: À qui cela bénéficie le plus? Posez-vous également la question suivante : "Si je réussis à atteindre ce but de prospérité, qui se sentira brimé et pourquoi? Qui m'a déjà déconseillé d'essayer de trouver mon emploi rêvé ou expliqué que je n'y arriverai pas ? Qui se verrait diminué ou léser et pourquoi?

Lorsque vous trouvez le nom de la personne qui cause en vous ce conflit, écrivez-lui une lettre. Il s'agit souvent de quelqu'un de très proche de vous que vous aimez et respectez. Vous n'aurez pas besoin de lui remettre la lettre. L'action seule de l'écrire peut provoquer un changement libérateur profond en vous. Vous aurez probablement à l'écrire à plus d'unepersonne.

Dans cette lettre vous devez :

-Nommer la personne concernée en lui adressant la lettre

-Écrire le but que vous souhaitez atteindre

-Mettre sur papier les inconvénients que cela pourrait causer à la personne concernée par la lettre. Vous pouvez commencer par "Bien que ma réussite te causerait..." en énumérant les effets qui pourraient être perçus comme négatifs. Ajoutez un maximum de détails. Décrivez tous les exemples passés qui vous poussent à croire que vous avez raison.

-Écrire tous les avantages dont l'autre pourrait bénéficier suite à votre réussite.

-Pardonner à l'autre ses limites et ses peurs

-Redonner à l'autre la responsabilité de sa vie. Vous n'avez pas à agir en fonction des regrets ou désirs d'autrui, ni à bâtir votre vie selon l'image qui leur plairait le plus ou serait socialement acceptée.

-Remercier l'autre de leur amour continuel et inconditionnel. Libérez-vous ainsi afin d'aller de l'avantavec vos projets.

_____

_____

_____

_____

_____

_____

_____

_____

_____

_____

_____

_____

_____

_____

_____

_____

Une fois terminée, vous pouvez détruire la lettre. Relâchez ainsi le joug qui vous empêchait d'avancer. Cet exercice réglera efficacement un blocage bloquant le fonctionnement positif de la loi de l'attraction. Malheureusement, parfois, le conditionnement est très profond et certaines personnes peuvent être amenées à s'imaginer les conseils et critiques des proches par déduction inconsciente sans même avoir fait part de leurs projets. Si vous sentez que vous faites de l'auto sabotage, essayez l'exercice de la lettre. Vous vous sentirez libéré. Faites l'exercice pour chaque personne et autant de fois que nécessaire jusqu'à ce que vous vous sentiez libre de vivre selon vos propres choix.

La journée parfaite

Maintenant que vous avez écrit ce qui vous motivait à changer, nous allons passer à l'exercice suivant.

J'aimerais que vous décriviez votre journée parfaite. J'aimerais que vous décriviez de quoi aura l'air la journée parfaite une fois que vous aurez atteint votre but.

Comment vous sentirez-vous?Comment marcherez-vous?
Que ferez-vous que vous ne faites pas maintenant?Où irez-vous?
Où serez-vous?
Que ferez-vous différemment?

J'aimerai que vous vous sentiez bien et heureux. Je veux que vous décriviez votre vie de rêve. Le rêve qui provoque un large sourire sur votre beau visage.

Cet exercice est assez facile et ne requiert qu'un peu d'imagination. Si vous ne vous sentez pas inspiré, n'ayez crainte, les idées vous viendront.

Si vraiment vous sentez qu'aucune idée ne vous vient à l'esprit, je vous suggère de regarder certains de vos films favoris afin de vous inspirer un peu.

Vous pouvez copier des parcelles ici et là pour créervotre propre histoire idéale.

Prenez votre temps. Revenez ici souvent. Ce sera votre

film qui vous projettera les moments de bonheur àvenir!

Attirez un emploi grâce à la loi de l'attraction

Débarrassez-vous d'autres blocages mentaux:

Dans cette session, j'aimerai que vous énonciez toutes les raisons pour lesquelles vous n'avez pas encore atteint votre but financier ou votre emploi rêvé.

Il ne s'agit pas des avantages que vous avez à être sans emploi (comme dans l'exercice précédant) mais vraiment les raisons profondes qui font que vous êtes dans votre situation actuelle.

Soyez honnête. Je ne le dirais à personne.

Est-ce que c'est parce que vous pensez ne pas le mériter?
Vous pensez que vous ne le pouvez pas?
Vous avez failli et vous avez peur de faillir encore? Vous avez vécu des traumas dans votre famille et avez peur de revivre ses peines?
Vous n'avez pas assez d'éducation…?

J'aimerais que vous m'expliquiez toutes les raisons pour lesquelles vous êtes encore dans cette situation aujourd'hui.

En éclairant les raisons qui vous bloquent, vous serez plus en mesure d'y remédier et de leur faire face. Ainsi, vous aurez moins de blocages mentaux qui vous empêcheront d'avancer. Vous aurez moins peur.

Les ténèbres ne peuvent exister dans la lumière! Allez!! Prenez

le temps de faire ceci!

Attirez un emploi grâce à la loi de l'attraction

C'EST GÉNIAL!!!

Je vous adore d'avoir fait tout cela!! Applaudissez-vous! Dites OUI!!

Dites OUI Dites OUI
Dites OUI!!!!!

Je peux le faireJe peux le
faire
JE VAIS LE FAIRE!!!

Dites-le avec moi! Tenez-vous droit debout et dites lefort. Dites le et répétez-le OUI vous y arriverez!

Vous allez y arriver! Lentement mais
sûrement!

Vous êtes Ok et je vous aime!

Maintenant que vous savez ce qui vous bloque, je veuxque vous m'expliquiez en quelques phrases positives pourquoi maintenant vous ALLEZ changer votre vie!

Par exemple, si vous avez répondu plus haut que, vousavez raté votre vie dans le passé à cause de mauvais investissements ou trop de dépenses, dites que cette fois-ci vous allez y arriver. Si vous avez mal fait votreCurriculum ou avez failli à une entrevue de poste auquel vous avez postuler, rappelez-vous qu'il y en a plein d'autres et vous en avez besoin que de 1.

Écrivez les raisons car cela jouera beaucoup dans votrefaçon d'agir dans le futur. En écrivant vos changementsde façon de vous comporter face aux raisons négatives passées, vous faites un premier pas de géant vers une transformation positive future.

De plus, confrontez vos peurs :

Ne plus être en contrôle (au moins quand ça va malvous savez que ça va mal)
Ne plus avoir de temps pour soi
Avoir du succès parmi des amis qui déteste leur emploi(vous pourrez leur conseiller ce livre pour les aider)
Se laissez aller et être soi-même

Il est normal d'avoir peur. La vraie réussite consiste àconnaître ses peurs et avancer malgré elles.

La meilleure manière de procéder est de se rappeler desraisons qui vous poussent à vouloir une vie prospère. Si vos raisons sont plus fortes que vos peurs, vous avancerez plus rapidement.

Attirez un emploi grâce à la loi de l'attraction

Visualisez

Sur les 2 prochaines pages, j'aimerai que vous colliez des images de ce que la vie prospère parfaite représente à vos yeux. Vous pouvez couper des illustrations dans des magazines : la maison dans laquelle vous habiterez, les vêtements que vous souhaitez porter ou des activités que vous pourrez faire désormais grâce à plus d'argent. Vous pouvez même coller une image des voyages que vous voulez faire, les sorties au restaurant...

Vous pouvez même décider de dessiner les images (ce qui a encore plus d'impact) de ce que la vie prospère représente pour vous. Revenez régulièrement à ces images inspirantes pour vous motiver à continuer.

Vous allez visualisez tous les jours de 10 à 15 minutes. En fermant les yeux, vous allez vous imaginez vivre des instants de bonheur avec votre fortune. Ceci ne doit pas être perçu comme une corvée mais bel et bien comme du bonheur. Plus le sentiment associé sera fort, plus la loi de l'attraction agira rapidement.

Vous êtes en contrôle et responsable de votre vie. Vouspouvez y arriver!
Alors, avec ceci en tête, on continue.Dites OUI!

Je PEUX le FAIRE!Je VAIS le
FAIRE!
Et vous le ferez!!!

Attirez un emploi grâce à la loi de l'attraction

Slavica Bogdanov

Attirez un emploi grâce à la loi de l'attraction

Le billet de 100 euros

Plus vous vous sentez riche, plus vous attirez la richesse. Si vous vous sentez pauvre, vous attirez plus de raisons de vous sentir pauvre. L'exercice très simple suivant va vous permettre de vous sentir beaucoup plus riche.

Je veux que vous insériez le plus gros billets que vous pouvez dans votre porte-monnaie. Si vous ne pouvez vous permettre que 20 euros alors ne mettez que 20 euros. Avec le temps, vous serez en mesure d'avoir beaucoup plus dans vos poches.

Il est important de ne pas dépenser cet argent. Tout ce que vous allez faire c'est de le placer bien en évidence pour être toujours en mesure de le voir quand vous faites vos achats. Ne le dépensez en aucun cas.

Si vous êtes capable d'avoir 100 euros, vous allez mentalement faire l'exercice suivant (ajustez-le dépendamment du montant qui vous est disponible).

Vous allez fréquemment vous promener dans les grands magasins et faire des achats imaginaires au montant du billet que vous avez à votre disposition. Vous allez choisir tout ce que vous désirez et, une fois que ce sera fait, je veux que vous disiez ''Je peux m'offrir tout ceci mais je choisi de ne pas l'acheter ''. Répétez cet exercice fréquemment.

Il va se produire deux choses importantes : La première est que cela va vous changer du monologue que vous

vous faites sûrement fréquemment à savoir ''à non, c'est trop cher, je ne peux pas me l'acheter'' qui par la loi de l'attraction vous attire plus de circonstances du même genre.

Le deuxième effet bénéfique est aussi important. Le cerveau fonctionne comme une calculatrice. Plus vous vous répétez une phrase, plus elle prend de la valeur au niveau neurologique. Par exemple, si vous avez une corvée à faire et que vous y pensez sans cesses, elle va devenir monumentale. Ainsi, de nombreuses personnes sombrent dans la procrastination.

Si vous vous répétez sans cesses que vous avez 100 euros à dépenser, le cerveau va accumuler ce montant et l'ajouter au précédent. C'est un truc qui porte fruit car plus votre cerveau accumulera la somme, plus vous vous sentirez riche. Par conséquent grâce à la loi de l'attraction, vous attirez plus d'argent.

Je suis consciente que certains de ces exercices semblent si simples que vous pensez peut-être qu'ils ne valent pas la peine d'être exécutés. Je le sais car je me disais la même chose. La valeur de mon compte en banque s'est grandement améliorée lorsque je me suis mise à m'exercer. Si vous n'aimez pas votre situation financière actuelle, je vous conseille d'essayer ce que je dis. Vous n'avez rien à perdre mais beaucoup d'argent àgagner.

Dernières étapes avant le grand saut : Faire face

à sa peur:

Tout le monde a peur. Les riches aussi ont à faire face à ce sentiment. Une grande différence est que les gens qui réussissent comprennent le rôle de la peur. Celle-ci est là pour vous indiquer que vous dépassez des limites (imaginaires ou réelles) auxquelles vous n'êtes pas habituée. Sortir de sa zone de confort fait peur. Cependant, ce n'est qu'en sortant de votre zone de confort que vous réussirez à vous dépasser et à dépasservos problèmes.

Si, pour un moment seulement, vous observiez votre vie comme le ferait quelqu'un de l'extérieur, sans vous sentir personnellement concerné, vous vous apercevriez que tous vos problèmes ne sont que des expériences ayant pour but de vous faire évoluer. Parfois, vous attirez à vous des circonstances plus difficiles car vous pensez les mériter ou vous punir. En général, les problèmes se résoudront toujours et vous grandirez à chaque fois un peu plus.

La prochaine fois que vous rencontrez un problème, demandez-vous quels aspects positifs il peut renfermer. Chaque problème peut être surmonté lorsque vous grandissez. Chaque problème que vous vivez a déjà été expérimenté par quelqu'un d'autre et solutionné. Par conséquent, au lieu de plier à la peur et être terrorisé par vos problèmes financiers, détachez-vous des sentiments et mettez-vous à la recherche des solutions. Allez rencontrer des spécialistes, lisez sur le sujet qui vous intéresse en particulier pour résoudre votre problème. Il est si facile de nos jours de trouver les réponses rapidement. Ne vivez plus comme une victime mais assumer le rôle d'acteur de votre vie et décidez de la changer.

Les gens qui réussissent regardent les problèmes comme de simples équations à résoudre. Ils apprennent ce qu'il leur est nécessaire d'apprendre pour grandir et ainsi surmonter le problème.

Écrivez ci-dessous ce qui vous fait le plus peur. Quels sont les plus gros problèmes que vous avez à surmonter et inscrivez à côté : ''une solution existe, je vais la trouver''. Vous pouvez écrire : ''je décide que la solution se présente à moi, je me libère de ceproblème''.

_____

_____

_____

_____

_____

_____

_____

_____

_____

_____

_____

_____

_____

_____

Faites comme si :

Une méthode efficace pour accélérer le processus de la loi de l'attraction est de faire comme si vous aviez déjà obtenu votre résultat.

J'aimerai que dès à présent vous portiez attention sur votre façon de vivre au quotidien et de vous préparer à y inclure la fortune. Agissez, parlez, marchez, vivez la réussite et la prospérité.

Les riches : pensent avant de dépenser, n'aiment pas gaspiller, investissent plus d'argent des biens de meilleures qualités, calculent leur budget, calculent leurs dépenses, pensent d'abord à sauver de l'argent, dépensent moins qu'ils ne gagnent, font attention à leur biens pour qu'ils durent plus longtemps, réparent au lieu d'acheter neuf, s'habillent avec des vêtements plus fins et de meilleurs qualités, s'éduquent constamment sur les nouvelles manières d'investir, calculent constamment la valeur de ce qu'ils possèdent ou de ce qu'ils veulent posséder, pensent long terme au lieu de satisfaction immédiate, planifie leurs dépenses et utilisent leur crédit intelligemment pour ne pas payer d'intérêt.

À partir d'aujourd'hui, vous allez TOUJOURS faire attention à ce que vous faites. Vous devez être prêt à devenir riche. Vous êtes déjà riche, vous avez à vous exercer.

Jouez les riches et vous le deviendrez!

À partir d'aujourd'hui, vous avez commencé un compte à rebours de votre état misérable. Vous êtes sur la voie de la prospérité. Regardez votre vie actuelle et sachez qu'elle sera bientôt différente. Vous souhaitez peut-être lui faire vos adieux et vous préparez mentalement à la nouvelle vie qui vous attend.

Je veux que vous agissiez tous les jours comme si votre but a été atteint. Vous allez parler de votre emploi de rêve au présent. Vous allez vous comporter comme le ferai celui qui aurait le travail que vous désirez.

De plus, j'aimerai que vous profitiez de vos derniers jours de chômeur. Faites ce que vous savez que vous e pourrez plus faire lorsque vous serez très occupé par votre travail. Profitez-en.

Slavica Bogdanov

3 VOTRE PROGRAMME

Ce programme consiste en un mixe d'exercices qui provoquent la loi de l'attraction pour augmenter votre richesse et vos chances de trouver l'emploi rêvé et un journal quotidien qui va vous permettre d'augmenter vos entrées d'argent.

À partir d'aujourd'hui, vous allez porter attention à tous les signes d'abondance autours de vous et les noter dans votre journal. Cette semaine (et pour le restant du programme), j'aimerai que vous écriviez tout ce qui se rapporte à l'argent. TOUT!!

C'est sérieux!!!

Portez ce livre avec vous. Au pire, ayez un bloc-note et un crayon en tout temps afin d'écrire tout les signes que vous voyez qui vous montre que vous recevez de l'argent.

Habituellement, mes clients me disent qu'ils ne voient rien, aucun signe. Vous n'avez tout simplement pas habitué vos yeux à déceler l'abondance. Plus vous vous habituerez à regarde la richesse et non son manque, plusvous en attirerez.

Des exemples de signes d'abondance :
L'argent que vous recevez ou que vous trouvez
Les conversations positives ayant rapport aux financesLes gens riches que vous croisez

TOUT ce qui comporte de près ou de loin un signe d'abondance.

Je veux que vous fassiez également attention à la manière dont vous vous sentez quand vous observez les gens riches. Êtes vous triste, envieux ou en colère?

J'aimerai que dès à présent vous bénissiez TOUS les gens riches que vous croiserez.

Lorsque vous enviez quelqu'un de riche, vous envoyiez un signe de manque à l'univers. Vous dénigrez l'abondance. En enviant les autres, vous dites à l'univers que vous manquez de cet argent. Par conséquent, l'univers vous enverra encore plus de ce manque.

Vous ferez ce premier exercice durant les 7 premiers jours. Par la suite, je veux que vous continuiez à écrire tout ce qui se rapporte à l'argent, tous les jours, tout le temps. Dans ce livre.

De plus, chaque jour, vous allez écrire tout l'argent que vous dépensez.

L'argent dépensé et les factures reçues sont autant de signes d'abondance. Souvent, les gens sont fâchés de recevoir des factures et bloquent ainsi le flot de l'Univers. En fait, vous devez développer de la gratitude pour les factures reçues. Sans elle, vous n'auriez peut-être pas d'électricité, de téléphone, d'eau chaude…Remerciez donc l'abondance qui vous entoure en remerciant les factures que vous recevez. Sur chacune d'entre elles, écrivez en lettres bien visibles : ''Merci pour l'argent''.

Vous allez également vous mettre à noter vos dépenses. Les gens riches regardent en face, sans peur, toutes les facettes de leur finance. Les dépenses ont sont une. De plus, en vous mettant à notez vos dépenses, vous vous mettrez à les diminuer inconsciemment car vous vous apercevrez de vos exagérations.

Une règle d'or pour s'enrichir

Il existe une règle en or pour accumuler des richesses : Il faut TOUJOURS vous payer en premier. Cela signifie que vous devez, dès à présent (si ce n'est pas déjà le cas) vous ouvrir un compte d'épargne. 10% de TOUT de que vous gagnez (au net) doit y être versé dès que vous le recevez. Même si vous êtes au chômage, vous recevez des paiements.

La plupart des gens attendent à la fin du mois pour voir si il leur reste quelques sous à épargner. Les gens riches, eux, épargnent immédiatement à la source. C'est le principe de la poule aux oeufs d'or.

Vous devez vous créez un fond qui, un jour travaillera pour vous. En retirant 10% de vos revenus dès la source, vous ne vous rendrez pas compte du manque et vous accumulerez rapidement de l'argent.

Cet argent travaillera un jour pour vous et, ainsi, vous n'aurez plus à travailler pour votre argent. La poule aux oeufs d'or vous offrira des revenus mensuels. Il est donc important de ne JAMAIS dépenser l'argent épargné mais de ne profiter que de ces intérêts. Au départ, le concept de vivre de vos intérêts vous semble lointain. Sachez que le temps passe de toute façon et qu'il est donc préférable que vous vous mettiez à épargner tout de suite. Il n'est jamais trop tard.

De plus, le fait d'épargner change votre perception et votre attention. Au lieu de penser sans cesses à vos dettes, au manque d'emploi et aux factures à payer, vous allez vous mettre à penser et regarder l'argent accumulé. Votre énergie changera également et deviendra plus positive. Grâce à la loi de l'attraction, vous vous mettrez à accumuler plus d'argent. Si vous pensez à sauver, vous attirez des raisons de sauver. Si vous pensez à dépenser (même si c'est en pensant que vous ne voulez plus de dettes ou vous ne voulez plus deproblèmes), vous attirerez plus de problèmes.

La loi de l'attraction fonctionne en vous attirant ce à quoi vous pensez le plus. Si vous évitez de faire face à un problème, si vous rejetez et vous battez contre un problème, vous l'attirerez davantage. La loi de l'attraction de connaît pas la négation et, par conséquent, vous envoie ce à quoi vous pensez le plus même si c'est ce que vous ne voulez pas.

Il est donc important de TOUJOURS penser à ce que vous voulez. Si une pensée de dette ou de manque d'emploi vous traverse l'esprit, répliquez immédiatement en offrant une pensée de prospérité et d'abondance. Répétez vous votre but (celui que vous avez inscrit au tout début de cet ouvrage) autant de fois que vous le pouvez.

Si 10% de vos revenus semble une trop grosse somme à épargner au départ, alors épargnez 5%. Peu importe le montant, ÉPARGNEZ!!!

Vous allez changer grandement l'orientation de votre énergie et vous allez vous mettre à accumuler de plus en plus d'argent et à penser en termes de plus en plus positifs.

La gestion financière rend riche

Si vous n'êtes pas en mesure de gérer les finances que vous avez aujourd'hui, comment voulez-vous que l'Univers vous envoie plus d'argent. L'univers aime la simplicité. Si vous trouver votre vie compliquée avec les finances que vous avez, vous n'attirez pas plus de simplicité.

L'afflux d'argent ne signifie pas nécessairement la simplification de vos finances. Au contraire. Plus vous aurez de gros revenus, plus vous devrez les gérez intelligemment : savoir les réinvestir, développer un système de comptabilité, payer des taxes plus élevées, gérer vos investissements (qui demandera du temps)…

Vous pouvez dès à présent prouver à l'univers que vous êtes un bon gestionnaire financier grâce à l'exercice suivant :

J'aimerai que vous vous procuriez 6 bocaux. Dans l'avenir, ces bocaux seront remplacés par des comptes bancaires. Vous allez remplir ces bocaux de la façon suivante, une fois par semaine. L'importance se situe dans la régularité à faire l'exercice et la division précise du montant. Le montant importe peu. L'univers ne voit pas beaucoup de différence entre 10 euros et un million. Il s'agit que d'une succession de 0. En fait, pour l'univers, vous apportez bien plus ne nécessite pas beaucoup d'énergie. Regardez l'infinité de l'univers. Vos souhaits ressemblent à ceux qu'une fourmis. Le seul blocage se situe dans votre capacité d'accepter cette abondance.

Vous pouvez commencer par répartir un montant de 10 euros, puis, lentement, diviser ainsi tous vos revenus nets à la source. Il est très important de faire cet exercice chaque semaine, indépendamment de la fréquence de réception de vos revenus.

Répartition de l'argent :
10% épargne (poule aux oeufs d'or)
55%   (nécessités :   loyer,   hypothèque,   dépenses obligatoires courantes…)
5% dons de charité
10% éducation (il est important de toujours réinvestiren soi, en son développement personnel)
10% investissement moyen terme (une dépense plus importante planifiée ou le remboursement des cartes de crédit)
10% jeux et plaisirs (tout ce qui ne fait pas partie du reste, soit : sorties au restaurant pour le plaisir, massages, achat de vêtements pour le plaisir et non le travail, soins de beauté et non de santé…)

ATTENTION :

Le 10% alloué aux jeux et aux plaisirs DOIT être respecté!! Vous ne voulez pas vous priver car, avec le temps, vous vous ferez plaisir par dépit et dépenserez dans un plaisir instantané qui ne sera pas pleinement ressenti.

De plus, ne dépensez pas plus que 10% pour le plaisir. Beaucoup de gens se gâtent sans même le savoir (vous vous en rendrez compte en écrivant vos dépenses quotidiennes) : Un petit café à la crème par ici, une petite sortie resto par là, un petit pull en solde par ici, un massage par là... Rapidement, le 10% devient 20 ou 30%. Ceci à deux effets désastreux sur vos finances :

-Vous prouvez que vous ne gérez pas à long terme et donc bloquez l'attraction de plus d'argent

- Vous vous faites plaisir sans l'avoir vraiment mérité ce qui a pour effet de vous causer de la culpabilité inconsciente, ce qui ruine votre estime de vous...

De plus, vous ne profitez pas pleinement de cette dépense plaisir car vous la faites souvent sans vraiment vous l'autoriser. La prochaine fois que vous dépensez votre montant plaisir, je veux que vous sautiez de joie, que vous le fassiez avec tout votre coeur, comme un enfant qui briserait sa tirelire pour s'amuser pleinement. Évidemment l'argent dépensé doit se faire en argent liquide et aucunement via une carte plastique. Vous vivrez ainsi beaucoup plus de satisfaction.

La dépense de plaisir doit se faire une fois par mois. Accumulez votre bocal et, une fois le mois passé, prenez tout l'argent accumulé et payez vous du bon temps.

Je sais que plusieurs d'entres vous, qui lisez ce livre ne pouvez pas, à l'heure actuelle séparer tous vos revenus de la manière indiquées car la majorité s'en va soit aux nécessité, soit aux dettes.

Je veux néanmoins que vous sépariez assidûment un montant avec lequel vous vous sentez confortable, même s'il s'agit uniquement de 10 euros. Avec le temps, vous serez en mesure de séparé de plus en plus d'argent. En montrant à l'univers que vous êtes capable de gérer vos finances, vous recevrez plus d'argent à gérer.

Prêtez une attention particulière à votre poule aux oeufs d'or afin de changer votre état émotionnel et de faire plus attention à l'accumulation d'argent plutôt qu'à son manque. Grâce à la loi de l'attraction, vous vous mettrez systématiquement à attirer plus d'argent épargné,

Dépassé par les factures à payer : Quoi faire?

Il est très difficile de songer à l'abondance lorsque l'on se sent dépassé par les problèmes de factures à gérer. Je le sais, je suis passée par là.

Je vous prescrits cet exercice fondamental. Vous allez

faire remplir le tableau ci-dessous :

Facture de	Montant total à payer	Date limite de paiement	Minimum à payer

Reproduisez ce tableau dans un cahier afin de le garder à jour. Voici ce que vous devez faire.

Vous allez inscrire toutes les factures que vous avez à payer. Ensuite, tous les montants totaux à débourser. Puis, la date d'échéance pour le paiement. En dernier lieu, vous allez indiquer quelles sommes minimum est requises.

Je veux que vous organisiez les factures en commençant par celles dont vous avez LE MOINS À PAYER. Faites dans l'ordre suivant :

Le montant total est plus bas que le plus petit montant minimum à payer
Montant minimum à payer du plus bas au plus haut
Date d'échéance des factures

Vous allez commencer par payer au complet le premier montant (par conséquent le plus petit). J'aimerai, si possible, que vous ajoutiez quelques euros supplémentaires pour rembourser plus que le minimum.

Vous allez faire ainsi jusqu'à ce que vous ne soyez plus en mesure de payer les montants indiqués. N'oubliez pas de vous garder de l'argent pour vos nécessités du mois à venir.

Même si il vous semble qu'il vous reste encore bons nombres de factures, ne vous inquiétez pas, vous avez déjà inversé les machines.

Si vous avez des cartes de crédit. NE LES UTILISER

PLUS JUSQU'À CE QUE VOUS LES AYIEZ
PAYÉES COMPLÈTEMENT. Pour les cartes de crédit avec un
fort taux d'intérêt, annulez-les dès que vous les aurez payiez. Oui,
vous aurez sas doutes à vous serrez un peu la ceinture. Oui, vous ne
pourrez peut-être pas gâter autant vos enfants mais cela leur
enseignera la responsabilité financière qui leur apportera bien
plusque les cadeaux que vous leur achetés à crédit.

En faisant ce simple exercice, vous accomplissez un pas immense
vers votre succès financier. Pourquoi? Voici : Quand vous vous
mettez à rembourser une facture entièrement et en y ajoutant même
un petit montant de plus, vous reprenez le contrôle de vos finances.
Vous sentirez soudainement que vous n'êtes plus une victime
peureuse qui ne fait pas face à ses responsabilités mais bien un
individu plus grand que ses problèmes qui est apte à avoir le dessus
sur ses troubles financiers.

Vous projetez dès lors une énergie complètement différente dans
l'univers. Vous payez vos factures. Bien sûr, vous ne les avez pas
toutes payés sur le champ. Avec le temps, vous verrez que leur
quantité diminuera.

Si, par exemple, vous recevez une facture de téléphone de 50 euros
et que vous ayez 51 euros, le mois suivant vous aurez une facture
avec 49 euros à payer. Ceci vous semble très minime mais au
niveau de l'univers, vous envoyez une énergie très différente : celle
de recevoir des factures toujours plus facile à payer.

La deuxième chose à faire est de payer vos factures DÈS que vous
les recevez. Ouvrez les enveloppes

immédiatement. Ainsi, vous faites face à vos peurs et réduisez l'impact que celles-ci vont avoir. Plus vous avez peur, plus vous attirez des raisons d'avoir peur. En confrontant vos factures dès le début, vous allez vous sentir maître de la situation.

Rappelez-vous de remercier cette facture car elle est preuve que vous vivez dans l'abondance, que vous avez reçu un service utile et que vous pouvez payer. Écrivez sur la facture : ''merci pour l'argent''

On commence le programme :

À partir de maintenant, je vais vous offrir chaque semaine quelques exercices mentaux faciles à faire, mais essentiels.

Vous devrez faire ce qui est indiqué dans ce livre au moment indiqué pour de meilleurs résultats. Vous pouvez aussi vous procurer la méthode complète en allant sur : https://store.slavicabogdanov.com/collections/french-francais/products/attirez-lemploi-ideal-grace-a-la-loi-de-lattraction

Allez! Commençons! Pas de raisons de s'arrêter maintenant! Vous avez fait le plus dur!

Vous êtes OK!!
Vous êtes assez juste tel que vous êtes! Et je
VOUS AIME!

Le premier exercice traite de l'amour

L'amour propre est un pilier fondamental de la réussite. Malheureusement, plus de 80% de la population souffre de pas s'aimer assez et de croire e pas être assez (assez riche, assez beau, assez intelligent, assez éduqué…).

Pourtant, vous êtes assez, vous êtes déjà parfait et la richesse existe déjà autours de vous. Ce qui bloque souvent est la capacité des gens à recevoir cette abondance. Ce blocage est souvent lié à la fausse impression de ne pas le mériter.

Tout le monde se fixe une certaine valeur (monétaire ou autre). Moins vous vous offrez de valeur, d'estime… moins vous pensez que vous valez, moins vous gagnerez. Il vous arrivera peut-être d'accroître vos richesses pour un temps jusqu'à ce que le faussé entre ce que vous pensez valoir et votre richesse se creuse. Dès ce moment, vous procéderez à de l'auto sabotage : vous détruirez ce que vous avez accumulez afin de revenir au niveau que vous pensez mériter. Le seul moyen de sortir de ce piège est de changer la valeur que vous avez à vos yeux.

De plus, en apprenant à vous aimer davantage, vous dépendrez beaucoup moins de l'amour des autres et de l'opinion d'autrui. Par conséquent, vous n'aurez plus peur d'être abandonné si vous atteignez plus de succès La loi de l'attraction attire à vous ce qui vous fait peur. Plus vous aurez confiance en vous, moins vous aurez peur. En vous aimant, vous aurez réglé la plupart des peurs qui bloquaient votre ouverture à l'argent. C'est pourquoi, les exercices suivant sont très importants.

Super. Débutons! Durant cette première semaine, nous n'allons que faire un relevé honnête de vos habitudes.

La première chose que vous allez faire est d'énumérer tous vos défauts. Soyez honnête et exhaustif.

Pour chaque défaut, vous allez trouver la qualité qui y est rattachée et la raison qui fait en sorte que ce défaut vous sert. Si vous trouverez des défauts que vous détestez vraiment, je veux que vous en choisissiez un à la fois que vous allez changer par une qualité. Vous avez toujours la possibilité de changer. Il n'en tient qu'àvous.

Par exemple, si vous êtes têtu, vous pouvez dire que vous êtes persévérant. Si vous êtes égoïste, vous pouvez dire que vous vous aimez d'abord afin d'offrir plusd'amour aux autres par la suite.

Il est nécessaire de s'aimer complètement et inconditionnellement. Allez-y, écrivez tous vos défauts en leur répondants, transformants:

Je veux maintenant que vous choisissiez 10 de vos succès et 5 de vos défaites. Les succès vont vous permettre de penser de vous positivement et de savoir que vous avez surmonté d'autres obstacles par le passé. Grâce à vos défaites, vous allez apprendre quelles habitudes vous devez changer et quelles erreurs vous devez éviter.

Allez. Prenez tout votre temps. Chaque exercice est fondamental et vous fera avancer vers le chemin du succès.

_____

_____

_____

_____

_____

_____

_____

_____

_____

_____

_____

_____

_____

_____

_____

_____

_____

_____

Attirez un emploi grâce à la loi de l'attraction

Slavica Bogdanov

_____
_____
_____
_____
_____
_____
_____
_____
_____
_____

Premier exercice quotidien :

Chaque matin, à partir de cette semaine et jusqu'à ce que vous trouviez l'emploi de vos rêves, vous allez mettre votre main au coeur et déclarer haut et fort votre but comme une promesse solennelle que vous vous êtes faites. Si vous n'avez pas encore atteint ce but, vous devez lâcher prise et avoir foi en l'univers que vous atteindrez ce but. Ne changez pas de but, de le modifiez pas outre mesure, garder le cap. Vous allez y arriver. Croyez-moi!!!

Deuxième exercice quotidien :

Exercice de l'amour. Je m'aime : J'aimerai que vous preniez 2 longues minutes chaque matin à vous regarder dans les yeux, dans le miroir et de vous dire :'' JE T'AIME'' en le pensant réellement et en vous nommant. Dites-le comme si vous le disiez à la personne la plus chère à votre coeur!

Vous avez besoin de vous reconnecter à votre enfant

intérieur qui a besoin d'amour. Cet amour est guérisseur et va vous permettre de rebâtir votreconfiance en vous.

Être "assez", aimé ou se sentir significatif est fondamental et nécessaire à l'épanouissement et au bonheur. 90 % des gens souffrent de ne pas se sentir assez significatifs. Ce sentiment provient d'une blessure profonde durant l'enfance au cours de laquelle l'enfant a associé un geste ou une parole d'un parent ou tuteur à une forme de non-mérite de l'amour. Pour chaque punition que l'enfant ne comprend pas et considère comme injustifiée, la fosse du manque d'amour se creuse.

Vous allez remarquer que c'est très puissant. Vous ne pourrez peut-être pas le faire pendant 2 minutes au début mais faites votre possible pour rester le plus longtemps à vous répéter cet amour. Mesurez le temps si nécessaire afin d'être sûr de vous offrir l'amour dont vous avez besoin.
Ceci marche énormément et comporte des effets guérisseurs de l'âme.
Quand vous serez habitué à vous répéter cette phraseencore et encore, je veux que vous y ajoutiez: ''tu esassez'', ''tu es en sécurité''. Avec votre nom. TOUSLES MATINS à partir de maintenant. Offrez-vous cetteattention particulière.Dans le cours vidéo dehttps://store.slavic
j'explique en détails la raison pour laquelle ceciest si important. Plus vous le ferez, plus vousconstaterez des miracles dans votre quotidien.

Écrivez-le sur un papier collant pour vous rappeler ceque vous devez dire.

Commençons votre première semaineVOUS
POUVEZ LE FAIRE!!
C'EST FACILE

Dites OUI! Dites OUI!!!!

Dites OUI et pensez-le vraiment!!!

Écrivez la date devant chaque jour Jour 1: _____
    Exercice de ''je m'aime'' devant le miroir le matin
Ma déclaration solennelle main sur le coeurVisualisez

    pendant 10-15 minutes

    Journal de tous les signes d'abondance que vousavez vu:

_____
_____
_____
_____
_____
_____
_____
_____
_____
_____
_____
_____
_____
_____
_____
_____
_____
_____
_____
_____

Écrivez la date devant chaque jour Jour 2: _____

Exercice de ''je m'aime'' devant le miroir le matin

Ma déclaration solennelle main sur le coeurVisualisez pendant
10-15 minutes

Journal de tous les signes d'abondance que vousavez vu:

_____
_____
_____
_____
_____
_____
_____
_____
_____
_____
_____
_____
_____
_____
_____
_____
_____
_____
_____
_____

Écrivez la date devant chaque jour Jour 3: _____
    Exercice de ''je m'aime'' devant le miroir le matin
Ma déclaration solennelle main sur le coeurVisualisez
    pendant 10-15 minutes

    Journal de tous les signes d'abondance que vousavez vu ainsi
que vos dépenses quotidiennes.

_____
_____
_____
_____
_____
_____
_____
_____
_____
_____
_____
_____
_____
_____
_____
_____
_____
_____
_____
_____
_____
_____

Écrivez la date devant chaque jour Jour 4: _____
    Exercice de ''je m'aime'' devant le miroir le matin
Ma déclaration solennelle main sur le coeurVisualisez pendant
   10-15 minutes

Journal de tous les signes d'abondance que vous
avez vu ainsi que vos dépenses quotidiennes.

_____
_____
_____
_____
_____
_____
_____
_____
_____
_____
_____
_____
_____
_____
_____
_____
_____
_____
_____
_____
_____
_____
_____

Écrivez la date devant chaque jour Jour 5: _____
    Exercice de ''je m'aime'' devant le miroir le matin
Ma déclaration solennelle main sur le coeurVisualisez
    pendant 10-15 minutes

Journal de tous les signes d'abondance que vous
        avez vu ainsi que vos dépenses quotidiennes.

_____

_____

_____

_____

_____

_____

_____

_____

_____

_____

_____

_____

_____

_____

_____

_____

_____

_____

_____

_____

_____

_____

Écrivez la date devant chaque jour Jour 6: _____

Exercice de ''je m'aime'' devant le miroir le matin

Ma déclaration solennelle main sur le coeurVisualisez pendant 10-15 minutes

Journal de tous les signes d'abondance que vous avez vu ainsi que vos dépenses quotidiennes.

_____

_____

_____

_____

_____

_____

_____

_____

_____

_____

_____

_____

_____

_____

_____

_____

_____

_____

_____

_____

_____

_____

_____

Écrivez la date devant chaque jour Jour 7: _____
  Exercice de ''je m'aime'' devant le miroir le matin
Ma déclaration solennelle main sur le coeurVisualisez
  pendant 10-15 minutes

Journal de tous les signes d'abondance que vous
  avez vu ainsi que vos dépenses quotidiennes.

_____
_____
_____
_____
_____
_____
_____
_____
_____
_____
_____
_____
_____
_____
_____
_____
_____
_____
_____
_____
_____

FÉLICITATIONS!!
VOUS   AVEZ TRAVERSÉ VOTRE PREMIÈRE
SEMAINE!!

J'aimerai que vous preniez le temps de décrire comment vous vous sentez.

Est-ce que vous pensez avoir fait de votre mieux avec votre exercice du matin? Si ce n'est pas le cas, ce n'est pas grave, vous irez de mieux en mieux. Sachez que vous êtes aimé quoi qu'il en soit.

Oui. Je vous aime de toutes façons
Vous vous entraînerez davantage avec les semaines à venir.

Avez-vous remarqué de nombreuses marquent d'abondance autours de vous?

Avez-vous fait attention à votre manière de vous sentir autours des gens riches?

Prenez le temps d'écrire vos pensées récapitulatives de la semaine pour voir ce que vous pouvez améliorer.

_____
_____
_____
_____
_____
_____
_____
_____
_____

_____

_____
_____
_____
_____

Pour la semaine numéro 2, vous allez ajouter deux minuscules petits changements à vos habitudes. Ils sont simples et semblent ridicules. Mais, il estPRIMORDIAL que vous les ajoutiez.

Pour le premier, vous allez gérer davantage votre temps en rapport à votre intention. Chaque jour, vous allez faire la liste de tout ce que vous devez faire pour augmenter vos finances.

Il se peut que vous ayez à payer vos factures, envoyez des CV, prendre des cours pour augmenter vos connaissances afin d'augmenter vos chances d'emploi, ouvrir votre propre entreprise…

Cette liste va donner naissance à la liste de tout ce que vous devez faire dans la journée pour améliorer votre situation financière.

Ne vous inquiétez pas de la longueur de la liste. Je veux que vous preniez 3 de ces éléments, ceux que vous avez vraiment l'intention de faire et que vous noterez dans ce livre. Sur le reste, vous allez écrire en gros : ''ceci est la liste de l'univers'' et ne plus vous en préoccuper.

Je veux que ceci devienne une habitude quotidienne. Cela ne vous prendra que 5 minutes tout au plus. En indiquant à l'univers la liste de choses à faire, vous en prenez conscience et accélèrerez le processus co-créatif.

Le deuxième élément à changer est votre façon de respirer.

Je sais bien ce que vous allez me dire! Je respire déjà ou je ne serais pas ici! Oui, bien sûr. Le problème est qu'une majorité de gens ne savent pas respirer CORRECTEMENT.

C'est ce que vous aurez besoin d'apprendre à nouveau si vous l'avez oublié.

Pour commencer, placez votre paume sur votre ventre, au niveau du nombril. Ceci est nécessaire afin de vous assurez que vous respirez par le ventre et non seulement par les poumons. J'explique en détail l'importance de la respiration dans le cours vidéo à
https://store.slavicabogdanov.com/collections/french-francais/products/attirez-lemploi-ideal-grace-a-la-loi-de-lattraction
La plupart des gens respirent par leurs poumons avec leur cage thoracique. La meilleure manière de respirer est de remplir son corps d'air, de respirer jusqu'au ventre, jusqu'au plexus solaire.

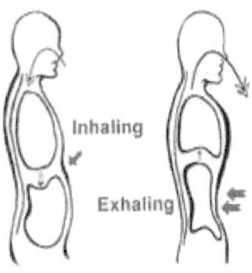

Comment devrions nous respirer? Quand vous respirez de votre ventre, vous sentirez celui-ci se gonfler. Les femmes aiment généralement moins cette manière de respirer car elles cherchent souvent à tout prix de cacher leur ventre. Faites-le alors quand personne ne vous regarde.

Les bénéfices à la saine respiration par le ventre sont, entre autres:

- Vivre une vie plus longue et plus en santé.
- Réduire le stress et l'anxiété
- Aide à combattre la peur
- Vous aide à mieux digérer et vous offre plus d'énergie, une meilleure alimentation en oxygène pour vos cellules.
- Des docteurs suggèrent même que le stress étant la cause du gras du ventre, la respiration peut considérablement vous aider à le réduire. Vous faire d'une pierre, deux coups.

Essayez dès maintenant. Souriez en montrant vos dents et pesez à une belle journée. Prenez un souffle profond qui descend jusqu'à votre abdomen. Pratiquez-vous. Si votre ventre est tout crispé, il vous faudra plusieurs jours pour débloquer les noeuds du ventre. Mais, une fois que l'air passera bien, vous vous sentirez de mieux en mieux. Vous pouvez également vous étendre sur le dos et masser le ventre dans le sens des aiguilles d'une montre. Cela favorisera votre digestion ainsi que votre relaxation.

J'aimerais que vous respiriez consciemment en amenant l'air jusque dans votre ventre au moins 3 fois par jour. Si vous le faites plus souvent, c'est encore mieux. Si vous êtes stressé, respirez. Si vous avez peur de ne pas pouvoir payer vos factures, respirez. Plus vous prendrez le temps de respirer et mieux vous vous sentirez. À moins que vous fassiez un sport qui demande du cardio (de la course à pied, aérobic…) dans quel cas, il est recommandé de respirer par les poumons, j'aimerai qu'éventuellement, vous preniez l'habitude de toujours respirer par le ventre.

Plus vous contrôlerez vos respirations, plus vous contrôlerez vos émotions et les émotions sont à la base de l'utilisation positive de la loi de l'attraction.

Si vous savez déjà commet respirer, je vous invite à passer à l'étape suivante.

Commencez par vider tout l'air de vos poumons. Respirez par le nez pendant quatre secondes. Gardez l'air dans votre ventre durant 7 secondes. Puis expirez très lentement par la bouche pendant 8 secondes. Ne faites pas cet exercice au volant d'une voiture car vous pourriez expérimenter des petits vertiges. Je vous suggère de faire cet exercice quelques fois par jour, à chaque heure si possible. Vous serez de plus en plus tranquille et relaxé, en contrôle de vos émotions

Alors, êtes vous prêt à attaquer votre deuxièmesemaine?
Respirer et gérer son temps. Pas très compliqué, non?

Nous pouvons le faire!! Êtes-vous prêt?

Dites OUI Dites OUI
Dites OUI!!!!!

Je peux le faireJe peux le
faire
JE VAIS LE FAIRE!!!

Je sais que vous pouvez le faire. J'ai confiance en vous!Et je vous
aime!

Prenez le temps de noter tous les changements qui se produisent
dans vos habitudes. Continuez à noter tous les signes d'abondance
(et vos dépenses) qui vous entourent. Suivez l'horaire indiqué.

Jour 8: _____

Exercice ''je m'aime', en vous regardant dans le miroir pendant 2 minutes le matin.

Ma déclaration solennelle main sur le coeur

Visualiser durant 10 à 15 minutes

Journal de tous les signes d'abondance que vous avez vu ainsi que vos dépenses quotidiennes.

Matin: Respiration durant 1 minute

_____

_____

_____

_____

_____

Juste avant le déjeuné : Respirer pendant 1 minute

_____

_____

_____

_____

_____

_____

_____

Juste avant le dîner, respirez pendant 1 minute

_____

_____

_____

_____

_____

Soir : Préparer la liste des 3 choses à faire le lendemain

_____

Jour 9: _____

Exercice ''je m'aime', en vous regardant dans le miroir pendant 2 minutes le matin.

Ma déclaration solennelle main sur le coeur

Visualiser durant 10 à 15 minutes

Journal de tous les signes d'abondance que vous avez vu ainsi que vos dépenses quotidiennes.

Matin: Respiration durant 1 minute

_____
_____
_____

_____

_____
_____

Juste avant le déjeuné : Respirer pendant 1 minute

_____
_____
_____
_____
_____
_____
_____

Juste avant le dîner, respirez pendant 1 minute

_____
_____
_____
_____
_____

Soir : Préparer la liste des 3 choses à faire le lendemain

_____

Jour 10: _____

Exercice ''je m'aime', en vous regardant dans le miroir pendant 2 minutes le matin.

Ma déclaration solennelle main sur le coeur

Visualiser durant 10 à 15 minutes

    Journal de tous les signes d'abondance que vous avez vu ainsi que vos dépenses quotidiennes.

Matin: Respiration durant 1 minute

_____

_____

_____

_____

_____

Juste avant le déjeuné : Respirer pendant 1 minute

_____

_____

_____

_____

_____

_____

_____

Juste avant le dîner, respirez pendant 1 minute

_____

_____

_____

_____

_____

Soir : Préparer la liste des 3 choses à faire le lendemain

_____

Jour 11: _____

Exercice ''je m'aime', en vous regardant dans le miroir pendant 2 minutes le matin.

Ma déclaration solennelle main sur le coeur

Visualiser durant 10 à 15 minutes

Journal de tous les signes d'abondance que vous avez vu ainsi que vos dépenses quotidiennes.

Matin: Respiration durant 1 minute

_____

_____

_____

_____

_____

Juste avant le déjeuné : Respirer pendant 1 minute

_____

_____

_____

_____

_____

_____

_____

Juste avant le dîner, respirez pendant 1 minute

_____

_____

_____

_____

Soir : Préparer la liste des 3 choses à faire le lendemain

_____

Jour 12: _____

Exercice ''je m'aime', en vous regardant dans le miroir pendant 2 minutes le matin.

Ma déclaration solennelle main sur le coeur

Visualiser durant 10 à 15 minutes

Journal de tous les signes d'abondance que vous avez vu ainsi que vos dépenses quotidiennes.

Matin: Respiration durant 1 minute

_____

_____

_____

_____

_____

_____

Juste avant le déjeuné : Respirer pendant 1 minute

_____

_____

_____

_____

_____

_____

_____

Juste avant le dîner, respirez pendant 1 minute

_____

_____

_____

_____

_____

Soir : Préparer la liste des 3 choses à faire le lendemain

_____

Jour 13: _____

Exercice ''je m'aime', en vous regardant dans le miroir pendant 2 minutes le matin.

Ma déclaration solennelle main sur le coeurVisualiser durant 10 à 15 minutes

Journal de tous les signes d'abondance que vous avez vu ainsi que vos dépenses quotidiennes.Matin:

Respiration durant 1 minute

_____

_____
_____
_____
_____

Juste avant le déjeuné : Respirer pendant 1 minute

_____
_____
_____
_____
_____
_____
_____

Juste avant le dîner, respirez pendant 1 minute

_____
_____
_____
_____
_____

Soir : Préparer la liste des 3 choses à faire le lendemain

_____

Jour 14: _____

Exercice ''je m'aime', en vous regardant dans le miroirpendant 2 minutes le matin.

Ma déclaration solennelle main sur le coeurVisualiser durant 10 à 15 minutes

Journal de tous les signes d'abondance que vous avez vu ainsi que vos dépenses quotidiennes.Matin:

Respiration durant 1 minute

_____

_____

_____

_____

_____

_____

Juste avant le déjeuné : Respirer pendant 1 minute

_____

_____

_____

_____

_____

_____

Juste avant le dîner, respirez pendant 1 minute

_____

_____

_____

_____

Soir : Préparer la liste des 3 choses à faire le lendemain

_____

Bravo, vous avez complétez votre deuxième semaine vers votre succès!
Comment vous sentez-vous? Comment se passe votre habitude de gérer votre temps? Facile, pas si facile?

Je sais que vous pouvez le faire! Je sais que vous allez vous améliorer avec le temps!
Ne vous inquiétez pas si vous avez oublié de respirer de temps à autres. L'important est que vous notiez vos erreurs, pour vous améliorez et pour vous rappeler de la distance effectuée quand vous aurez atteint votre but! Vous pourrez en rire quand vous aurez l'emploi de vos rêves!

Rappelez-vous Vous êtes génial!Vous êtes
OK!
Vous êtes EXTRA!Vous êtes
ASSEZ!

Comment vous sentez-vous:

_____
_____
_____
_____
_____
_____

Rappelez-vous, cela va allez de mieux en mieux.
Ce n'est que la deuxième semaine. Nous prenons notretemps afin que les résultats soient durables.
Ne vous inquiétez pas si vous avez raté une journée.Vous êtes fort, vous vous rattraperez.

Avant que vous passiez à la semaine suivante, je vais vous expliquer le prochain exercice. Vous ferez ceci en début ou à la fin de chaque journée.

L'exercice s'appelle ''apprendre la richesse''

Tous les jours, vous allez passer une heure à lire et à étudier la richesse. Vous allez vous servir de l'Internet pour chercher les biographies de gens riches et qui ont réussi. Lisez sur les gens qui travaillent dans le domaine que vous rêvez d'occuper. Vous allez vous instruire sur ce qui a fait leur richesse. Vous allez vivre leur vie une heure par jour.

La plupart des gens se bloquent de la richesse car ils ne savent tout simplement pas comment y arriver. Il y a bon nombre de gens fortunés qui ont écrits sur le sujet. Nombre d'entre eux ont dû surmonter de nombreux obstacles avant de réussir à atteindre la gloire. De nombreuses personnes ont sûrement été dans votre situation et ont décrit la manière qu'ils ont obtenu le même emploi que vous cherchez.

Plus vous lirez sur ces gens, plus vous apprendrez comment ils ont fait, plus vous accumulerez des outils mentaux pour vaincre vos propres obstacles, vous inspirer, vous motiver et atteindre votre premier objectif.

Vous n'avez pas besoin de dépenser de l'argent pour vous procurez ces ouvrages. Rendez-vous à votre bibliothèque locale et empruntez les livres qui vous conviennent. Vous pouvez aussi écouter ces histoires dans votre voiture en vous rendant au travail ou louer des films qui parlent de gens qui ont réussi.

Il en existe des milliers. Plus vous vous imbiberez de cette richesse des autres, plus vous verrez comme elle est également à votre portée.

De plus, j'aimerai que, chaque semaine, vous preniez le temps de faire un brainstorm sur tous les moyens grâce auxquels vous pourriez faire plus d'argent. Au début, vous n'aurez peut-être pas beaucoup d'idées. Passez tout de même une heure par semaine (plus si possible) à simplement vous demandez ce que vous pourriez faire pour gagner plus.

Je vous conseille de relire votre but du début pour savoir exactement quel montant d'argent vous désirez recevoir et ensuite, laissez faire votre imagination. Écrivez tout ce qui vous passe par la tête sans juger. Chaque mois, relisez la liste et observez si il y a une idée qui vous plaît davantage. Si c'est le cas, occupez- vous en!

Jour 15: _____

Exercice ''je m'aime', en vous regardant dans le miroir pendant 2 minutes le matin.

Ma déclaration solennelle main sur le coeur

Visualiser durant 10 à 15 minutes

Journal de tous les signes d'abondance que vous avez vu ainsi que vos dépenses quotidiennes.

Matin: Respiration durant 1 minute

_____
_____
_____

_____

_____

Juste avant le déjeuné : Respirer pendant 1 minute

_____
_____
_____
_____
_____
_____
_____

Juste avant le dîner, respirez pendant 1 minute

_____
_____
_____
_____
_____

Soir : Préparer la liste des 3 choses à faire le lendemainExercice de ''apprendre la richesse''

Jour 16: _____

Exercice ''je m'aime', en vous regardant dans le miroir pendant 2 minutes le matin.

Ma déclaration solennelle main sur le coeur

Visualiser durant 10 à 15 minutes

Journal de tous les signes d'abondance que vous avez vu ainsi que vos dépenses quotidiennes.

Matin: Respiration durant 1 minute

_____
_____
_____
_____
_____
_____

Juste avant le déjeuné : Respirer pendant 1 minute

_____
_____
_____
_____
_____
_____
_____

Juste avant le dîner, respirez pendant 1 minute

_____
_____
_____
_____
_____

Soir : Préparer la liste des 3 choses à faire le lendemain

Exercice de ''apprendre la richesse''

Jour 17: _____

Exercice ''je m'aime', en vous regardant dans le miroir pendant 2 minutes le matin.

Ma déclaration solennelle main sur le coeur

Visualiser durant 10 à 15 minutes

Journal de tous les signes d'abondance que vous avez vu ainsi que vos dépenses quotidiennes.

Matin: Respiration durant 1 minute

_____
_____
_____

_____
_____
_____

Juste avant le déjeuné : Respirer pendant 1 minute

_____
_____
_____
_____
_____
_____
_____

Juste avant le dîner, respirez pendant 1 minute

_____
_____
_____
_____
_____

Soir : Préparer la liste des 3 choses à faire le lendemain
Exercice de ''apprendre la richesse''

Jour 18: _____

Exercice ''je m'aime', en vous regardant dans le miroir pendant 2 minutes le matin.

Ma déclaration solennelle main sur le coeur

Visualiser durant 10 à 15 minutes

   Journal de tous les signes d'abondance que vous avez vu ainsi que vos dépenses quotidiennes.

Matin: Respiration durant 1 minute

_____
_____
_____
_____
_____

Juste avant le déjeuné : Respirer pendant 1 minute

_____
_____
_____
_____
_____
_____
_____

Juste avant le dîner, respirez pendant 1 minute

_____
_____
_____
_____
_____

Soir : Préparer la liste des 3 choses à faire le lendemain

Exercice de ''apprendre la richesse''

Jour 19: _____

Exercice ''je m'aime', en vous regardant dans le miroir pendant 2 minutes le matin.

Ma déclaration solennelle main sur le coeur

Visualiser durant 10 à 15 minutes

Journal de tous les signes d'abondance que vous avez vu ainsi que vos dépenses quotidiennes.

Matin: Respiration durant 1 minute

_____

_____

_____

_____

_____

Juste avant le déjeuné : Respirer pendant 1 minute

_____

_____

_____

_____

_____

_____

Juste avant le dîner, respirez pendant 1 minute

_____

_____

_____

_____

_____

Soir : Préparer la liste des 3 choses à faire le lendemain

Exercice de ''apprendre la richesse''

Jour 20: _____

Exercice ''je m'aime', en vous regardant dans le miroir pendant 2 minutes le matin.

Ma déclaration solennelle main sur le coeurVisualiser durant 10 à 15 minutes

Journal de tous les signes d'abondance que vous avez vu ainsi que vos dépenses quotidiennes.Matin:

Respiration durant 1 minute

_____

_____
_____
_____
_____
_____

Juste avant le déjeuné : Respirer pendant 1 minute

_____
_____
_____
_____
_____
_____

Juste avant le dîner, respirez pendant 1 minute

_____
_____
_____
_____
_____

Soir : Préparer la liste des 3 choses à faire le lendemain
Exercice de ''apprendre la richesse''

Jour 21: _____

Exercice ''je m'aime', en vous regardant dans le miroir pendant 2 minutes le matin.

Ma déclaration solennelle main sur le coeurVisualiser durant 10 à 15 minutes

Journal de tous les signes d'abondance que vous avez vu ainsi que vos dépenses quotidiennes.Matin:

Respiration durant 1 minute

_____

Juste avant le déjeuné : Respirer pendant 1 minute

Juste avant le dîner, respirez pendant 1 minute

Soir : Préparer la liste des 3 choses à faire le lendemain
Exercice de ''apprendre la richesse''

Brainstorm : Toutes les idées qui vont me mener vers plus d'argent :

Wow!! Vous avez déjà complété votre 3e semaine. Bravo!

Vous sentez-vous fier? Comment vous sentez-vous? Sentez-vous votre amour propre grandir un peu plus chaque jour! Remarquez-vous plus de gens riches ou d'abondance autours de vous?

J'aimerai vous rappeler qu'un des exercices les plus importants que je vous ai demandé de faire est le premier. Celui durant lequel vous vous dites ''je t'aime''. Ne l'arrêtez jamais.

À partir de maintenant, vous allez lui ajouter 30 secondes supplémentaires.

Rappelez-vous. Vous devez vous regarder dans les yeux et vous concentrer sur tout l'amour que vous pouvez ressentir pour vous, pour votre âme, pour le petit enfant qui sommeille en vous et qui demande à être aimé de nouveau.

Dites OUI!!!

Écrivez ci-dessous ce qui peut être amélioré

_____

_____

_____

_____

_____

Cette semaine, qui commémore le premier tiers de votreroute vers le succès, vous allez ajouter deux choses.

La première est un exercice appelé: affirmation. Vous avez besoin d'un morceau de papier que vous transporterez avec vous en tout temps.

À partir d'aujourd'hui, vous allez choisir une affirmation puissante que vous allez répété environ 300 fois par jour. Oui 300!!
Voici quelques exemples:

Tout va mieux et de mieux en mieux
Je vis dans l'abondance et dans la richesse
Tous mes besoins sont satisfaits et je me sens bien
Je suis heureux d'avoir plus d'argent qu'il ne m'en fautL'argent vient à moi facilement et rapidement
Je fais un travail que j'aime et suis bien payé

Choisissez une phrase ou créez vous en une qui vous estpropre. Vous pouvez la changer de semaine en semaine.

Quand vous ressentirez un doute quant à votre succès,relisez cette phrase.

Je le pense vraiment quand je vous dis 300 par jour.J'explique la raison en détail dans les vidéos sur

https://store.slavicabogdanov.com/collections/french-francais/products/attirez-lemploi-ideal-grace-a-la-loi-de-lattraction
Vous vous racontez assez de phrases négativesdurant de nombreuses années, sûrement plus de 300fois par jour. Vous devez changer votre façon depenser.
Vous voulez gagner, non? Voici une très bonne façon d'y arriver.

Vous pouvez opter pour répartir vos affirmations sur

une base de 3 fois par jour, 100 fois à chaque fois. Vous devrez répéter l'affirmation jusqu'à ce qu'elle devienne partie intégrante de votre schéma de penser.

Choisissez une affirmation et écrivez-là ici

_____

_____

Le deuxième exercice va s'appeler ''l'accumulation de richesse''. Il va vous permettre de changer votre énergie vers un état très positif. Cette semaine vous allez dépenser de manière fictive le montant qui vous sera octroyé dans le plan. Vous devez dépensez ce montant au complet. Je vous conseille d'utiliser la méthode de partage des 6 bocaux pour répartir vos dépenses.

Voici un moment idéal pour relire les raisons qui vouspoussent à vouloir devenir riche.

Nous pouvons le faire!! Êtes-vous prêt?Dites OUI
Dites OUI Dites OUI!!!!!

Je peux le faireJe peux le faire
JE VAIS LE FAIRE!!!

Jour 22: _____

Exercice ''je m'aime', en vous regardant dans le miroir pendant 2 minutes le matin.

Ma déclaration solennelle main sur le coeurVisualiser durant 10 à 15 minutes

Répétez votre affirmation à peu près 300 fois durant lajournée.

Dépensez 1000 euros

Journal de tous les signes d'abondance que vous avez vu ainsi que vos dépenses quotidiennes.Matin:

Respiration durant 1 minute

_____

_____
_____
_____

Juste avant le déjeuné : Respirer pendant 1 minute

_____
_____
_____
_____
_____

Juste avant le dîner, respirez pendant 1 minute

_____
_____
_____
_____
_____

Soir : Préparer la liste des 3 choses à faire le lendemainExercice de ''apprendre la richesse''

Jour 23: _____

Exercice ''je m'aime', en vous regardant dans le miroir
pendant 2 minutes le matin.

Ma déclaration solennelle main sur le coeurVisualiser
durant 10 à 15 minutes

Répétez votre affirmation à peu près 300 fois durant lajournée.

Dépensez 2000 euros

Journal de tous les signes d'abondance que vous
avez vu ainsi que vos dépenses quotidiennes.Matin:

Respiration durant 1 minute

_____

_____

_____

_____

Juste avant le déjeuné : Respirer pendant 1 minute

_____

_____

_____

_____

_____

Juste avant le dîner, respirez pendant 1 minute

_____

_____

_____

_____

Soir : Préparer la liste des 3 choses à faire le lendemain
Exercice de ''apprendre la richesse''

Jour 24: _____

Exercice ''je m'aime', en vous regardant dans le miroir
pendant 2 minutes le matin.
Ma déclaration solennelle main sur le coeurVisualiser
durant 10 à 15 minutes
Répétez votre affirmation à peu près 300 fois durant lajournée.
Dépensez 3000 euros

Journal de tous les signes d'abondance que vous
avez vu ainsi que vos dépenses quotidiennes.Matin:

Respiration durant 1 minute

_____

_____

_____

Juste avant le déjeuné : Respirer pendant 1 minute

_____

_____

_____

_____

_____

Juste avant le dîner, respirez pendant 1 minute

_____

_____

_____

_____

_____

Soir : Préparer la liste des 3 choses à faire le lendemain
Exercice de ''apprendre la richesse''

Jour 25: _____
Exercice ''je m'aime', en vous regardant dans le miroir
pendant 2 minutes le matin.
Ma déclaration solennelle main sur le coeurVisualiser
durant 10 à 15 minutes
Répétez votre affirmation à peu près 300 fois durant lajournée.
Dépensez 4000 euros

Journal de tous les signes d'abondance que vous
avez vu ainsi que vos dépenses quotidiennes.Matin:

Respiration durant 1 minute

_____

    _____

    _____

Juste avant le déjeuné : Respirer pendant 1 minute

    _____

    _____

    _____

    _____

    _____

Juste avant le dîner, respirez pendant 1 minute

    _____

    _____

    _____

    _____

    _____

Soir : Préparer la liste des 3 choses à faire le lendemain
Exercice de ''apprendre la richesse''

Jour 26: _____

Exercice ''je m'aime', en vous regardant dans le miroirpendant 2 minutes le matin.

Ma déclaration solennelle main sur le coeurVisualiser

durant 10 à 15 minutes

Répétez votre affirmation à peu près 300 fois durant lajournée.

Dépensez 5000 euros

Journal de tous les signes d'abondance que vousavez vu ainsi que vos dépenses quotidiennes.

Matin: Respiration durant 1 minute

_____
_____
_____
_____

Juste avant le déjeuné : Respirer pendant 1 minute

_____
_____
_____
_____
_____

Juste avant le dîner, respirez pendant 1 minute

_____
_____
_____
_____
_____

Soir : Préparer la liste des 3 choses à faire le lendemain

Exercice de ''apprendre la richesse''

Jour 27: _____

Exercice ''je m'aime', en vous regardant dans le miroir
pendant 2 minutes le matin.
Ma déclaration solennelle main sur le coeurVisualiser
durant 10 à 15 minutes
Répétez votre affirmation à peu près 300 fois durant lajournée.
Dépensez 6000 euros

Journal de tous les signes d'abondance que vous
avez vu ainsi que vos dépenses quotidiennes.Matin:

Respiration durant 1 minute

_____

_____
_____
_____

Juste avant le déjeuné : Respirer pendant 1 minute

_____
_____
_____
_____
_____

Juste avant le dîner, respirez pendant 1 minute

_____
_____
_____
_____
_____

Soir : Préparer la liste des 3 choses à faire le lendemain
Exercice de ''apprendre la richesse''

Jour 28: _____

Exercice ''je m'aime', en vous regardant dans le miroir pendant 2 minutes le matin.
Ma déclaration solennelle main sur le coeurVisualiser durant 10 à 15 minutes
Répétez votre affirmation à peu près 300 fois durant lajournée.
Dépensez 7000 euros

Journal de tous les signes d'abondance que vous avez vu ainsi que vos dépenses quotidiennes.Matin:

Respiration durant 1 minute

_____

_____
_____
_____

Juste avant le déjeuné : Respirer pendant 1 minute

_____
_____
_____
_____
_____

Juste avant le dîner, respirez pendant 1 minute

_____
_____
_____
_____
_____

Soir : Préparer la liste des 3 choses à faire le lendemain
Exercice de ''apprendre la richesse''

Brainstorm : Toutes les idées qui vont me mener vers plus d'argent :

_____

_____

_____

_____

_____

_____

_____

_____

_____

_____

_____

_____

_____

_____

_____

_____

_____

_____

_____

_____

_____

_____

_____

_____

_____

_____

_____

_____

_____

Comment vous sentez-vous?
Voici votre premier mois complété
FÉLICITATIONS!!!

Vous devez célébrer! En sautant de haut en bas ou en allant vous faire masser.

Je suis vraiment fière de vous!

Vous faites tous les exercices, vous gérez votre temps et vous respirez? Vous vous aimez le matin et lisez des histoires de riches? Vous répétez vos affirmations tous les jours?

Faites-vous de votre mieux! Allez!! Dites-moi que vous voulez vivre votre vie au mieux! Vous avez acheté ce livre pour vous y rendre alors vous devez investir un peu plus de volonté! Je sais que vous pouvez le faire! Je l'ai fait alors vous aussi pouvez y arriver!

Bon, vous avez failli une ou deux fois. Ce n'est pas grave, vous vous rattraperez! Je vous aime!

Devenez meilleur et meilleur chaque fois! Apprenez de vos erreurs. Identifiez les moments quand vous avez failli et refusez de vous faire prendre de nouveau. Dites NON!. Je m'aime beaucoup trop. Gardez le cap!

Avant de continuer, j'aimerai que vous fassiez le calcul de toutes vos dépenses du mois précédent et que vous les classiez dans les catégories suivantes :

Nécessités	Dettes	Loisirs-plaisirs	Autre

J'aimerai que vous calculiez le pourcentage que chacune de ces catégories représentent par rapport à votre salaire net.

Observez si la catégorie ''plaisir'' vaut plus que 10%. Observez la proportion de la catégorie ''autre''.Incluse-t-elle énormément de cadeaux faits à vosenfants?
En prenant conscience de vos dépenses, vous serez e mesure de les réduire subséquemment. Promettez-vous de ne plus dépenser autant. Chaque café, chaque petit repas au resto, chaque petite dépense s'accumule.

Oui, vous devez vous serrez la ceinture pour un certain temps. L'argent sera attiré par votre capacité à bien le gérer, à le respecter (ne pas le gaspiller), à l'épargner.

À partir du mois prochain, si ce n'est pas déjà fait, je vous propose d'augmenter le montant que vous sauvez (votre poule aux œufs d'or) à 10% de votre revenu.

Continuez de tenir compte de vos dépenses.

Pour la semaine numéro 5, voici ce que j'aimerai que vous fassiez deux nouvelles choses.

La première s'appelle gratitude.

La gratitude est très puissante. Plus vous ressentirez de la gratitude et plus la magie apparaîtra dans votre vie. Le résultat sera une vie plus harmonieuse et votre âme se rempliera de bonheur. Vous ressentirez d'ailleursbeaucoup plus d'abondance ce qui l'attirera.

Ce que je veux que vous fassiez est très simple. Je veux que vous vous procuriez un bloc-notes et que vous écriviez chaque jour 10 choses pour lesquelles vousressentez de la gratitude.

Par exemple, vous pouvez avoir de la gratitude d'être en santé car la santé vous garde en vie et vous permet d'être en compagnie de ceux que vous aimez.
Vous pouvez ressentir de la gratitude pour votre emploi parce que cela vous offre de l'argent à dépenser. Vous pouvez ressentir de la gratitude pour les membres de votre famille parce qu'ils vous aiment.

Vous pouvez aussi décidez de focaliser l'énergie uniquement sur la gratitude ressentie au niveau du travail et de l'argent. Par exemple, d'être heureux pour tout l'argent reçu dans votre vie. Vous pouvez choisir d'apprécier les emplois passés et même de ressentir de la gratitude pour le travail à venir.

Vous comprenez le principe? Placez le bloc-notes près de votre lit et, avant d'aller vous coucher, écrivez les raisons d'appréciations. 10 choses au minimum. C'est très simple. Vous allez vous rendre compte que vous dormirez mieux. Éventuellement, vous serez de meilleure humeur. Vous vous réveillerez avec de la gratitude.

La deuxième chose que j'aimerai concerne l'ordre. Chaque jour, vous allez vous assurer que votrelogement est bien rangé. Je veux que vous preniez dutemps chaque jour pour trier, organiser, débarrasser.

Vous allez créer des filières, une chemise pour chaque type de dépenses et factures que vous encourez. Vous allez aussi créer une série de chemises pour les différentes entrées d'argent. Vous pouvez inclure votre salaire ou vos ventes et aussi une chemise pour les rentrées d'argent surprises. Créez autant de chemises que vous souhaitez ou l'abondance va pouvoir se déverser.

Vous avez besoin de vous débarrasser du vieux qui est empreint de connotation de manque et de pénurie pour faire de la place à l'abondance qui va rentrer dans votre vie.   L'univers adore l'ordre. Et votre cerveau aussi. Vos idées seront beaucoup plus claires si vous vivez dans un lieu organisé.

L'autre raison pour laquelle avoir une vie rangée est primordiale. C'est une question d'estime de soi. Il est important que vous preniez conscience que vous devez vous comportez avec vous comme avec votre meilleur ami.

Si vous allez chez une personne que vous aimez bien et que c'est toujours le bordel chez elle, vous développerez une image négative de cette personne. De la même manière, inconsciemment, vous développerez une image négative de vous même si vous vivez toujours dans le désordre.

Si vous êtes du genre à faire le grand ménage quand vous recevez des invités, sachez que cela indique une basse estime de vous. Pourquoi mettez-vous les autres à un niveau plus élevé? Vous devriez vous traiter mieux que quiconque et prendre le temps de vous dorloter.

La loi de l'attraction fonctionne beaucoup mieux quand tout est ordonné. L'univers aime le rangement et la propreté. Vous serez plus enligné avec des énergies fortes d'attraction si vous être organisé.

Je veux que vous passiez une heure par jour à faire le ménage (de vos dossiers, photos, vidéos, vêtements…) Vous pouvez le faire en regardant la télévision. Il est facile de trouver une heure dans la journée.

OK, Je suis d'accord, ce n'est pas peut-être pas facile au départ. Vous vous êtes peut-être habitué à vos vieilleries ou au désordre. Alors, évidemment, il est difficile d'arrêter. Mais, rappelez-vous, vous vous aimez! Vous voulez vous offrir de l'amour et de faire attention à votre environnement en lui offrant ce qu'il y a de mieux.

Nous pouvons le faire!! Êtes-vous prêt?

Dites OUI Dites OUI Dites
OUI!!!!!

Je peux le faireJe peux le faire
JE VAIS LE FAIRE!!!

Jour 29: _____

Exercice ''je m'aime', en vous regardant dans le miroir
pendant 2 minutes le matin.
Ma déclaration solennelle main sur le coeurVisualiser
durant 10 à 15 minutes
Répétez votre affirmation à peu près 300 fois durant lajournée.
Dépensez 8000 euros

Journal de tous les signes d'abondance que vous
avez vu ainsi que vos dépenses quotidiennes.Matin:

Respiration durant 1 minute

_____

_____
_____
_____

Juste avant le déjeuné : Respirer pendant 1 minute

_____
_____
_____

Juste avant le dîner, respirez pendant 1 minute

_____
_____
_____

Soir : Préparer la liste des 3 choses à faire le lendemain
Exercice de ''apprendre la richesse''

Rangement du logement
10 raisons de ressentir de la gratitude

Jour 30: _____

Exercice ''je m'aime', en vous regardant dans le miroir
pendant 2 minutes le matin.
Ma déclaration solennelle main sur le coeurVisualiser
durant 10 à 15 minutes
Répétez votre affirmation à peu près 300 fois durant lajournée.
Dépensez 9000 euros

Journal de tous les signes d'abondance que vous
avez vu ainsi que vos dépenses quotidiennes.Matin:

Respiration durant 1 minute

_____

      _____
      _____
      _____

Juste avant le déjeuné : Respirer pendant 1 minute

      _____
      _____
      _____

Juste avant le dîner, respirez pendant 1 minute

      _____
      _____
      _____

Soir : Préparer la liste des 3 choses à faire le lendemain
Exercice de ''apprendre la richesse''

Rangement du logement
10 raisons de ressentir de la gratitude

Jour 31: _____

Exercice ''je m'aime', en vous regardant dans le miroir pendant 2 minutes le matin.

Ma déclaration solennelle main sur le coeurVisualiser durant 10 à 15 minutes

Répétez votre affirmation à peu près 300 fois durant lajournée.

Dépensez 10000 euros

Journal de tous les signes d'abondance que vous avez vu ainsi que vos dépenses quotidiennes.Matin:

Respiration durant 1 minute

_____

_____
_____
_____

Juste avant le déjeuné : Respirer pendant 1 minute

_____
_____
_____

Juste avant le dîner, respirez pendant 1 minute

_____
_____
_____

Soir : Préparer la liste des 3 choses à faire le lendemain
Exercice de ''apprendre la richesse''

Rangement du logement
10 raisons de ressentir de la gratitude

Jour 32: _____

Exercice ''je m'aime', en vous regardant dans le miroir
pendant 2 minutes le matin.
Ma déclaration solennelle main sur le coeurVisualiser
durant 10 à 15 minutes
Répétez votre affirmation à peu près 300 fois durant lajournée.
Dépensez 11000 euros

Journal de tous les signes d'abondance que vous
avez vu ainsi que vos dépenses quotidiennes.Matin:

Respiration durant 1 minute

_____

      _____

      _____

      _____

Juste avant le déjeuné : Respirer pendant 1 minute

      _____

      _____

      _____

Juste avant le dîner, respirez pendant 1 minute

      _____

      _____

      _____

Soir : Préparer la liste des 3 choses à faire le lendemain
Exercice de ''apprendre la richesse''

Rangement du logement
10 raisons de ressentir de la gratitude

Jour 33: _____
Exercice ''je m'aime', en vous regardant dans le miroirpendant 2 minutes le matin.
Ma déclaration solennelle main sur le coeurVisualiser durant 10 à 15 minutes
Répétez votre affirmation à peu près 300 fois durant lajournée.
Dépensez 12000 euros

Journal de tous les signes d'abondance que vous avez vu ainsi que vos dépenses quotidiennes.Matin:

Respiration durant 1 minute

_____

_____
_____
_____

Juste avant le déjeuné : Respirer pendant 1 minute

_____
_____
_____

Juste avant le dîner, respirez pendant 1 minute

_____
_____
_____

Soir : Préparer la liste des 3 choses à faire le lendemain
Exercice de ''apprendre la richesse''

Rangement du logement
10 raisons de ressentir de la gratitude

Jour 34: _____

Exercice ''je m'aime', en vous regardant dans le miroir
pendant 2 minutes le matin.
Ma déclaration solennelle main sur le coeurVisualiser
durant 10 à 15 minutes
Répétez votre affirmation à peu près 300 fois durant lajournée.
Dépensez 13000 euros

Journal de tous les signes d'abondance que vous
avez vu ainsi que vos dépenses quotidiennes.Matin:

Respiration durant 1 minute

_____

        _____

        _____

        _____

Juste avant le déjeuné : Respirer pendant 1 minute

        _____

        _____

        _____

Juste avant le dîner, respirez pendant 1 minute

        _____

        _____

        _____

Soir : Préparer la liste des 3 choses à faire le lendemain
Exercice de ''apprendre la richesse''

Rangement du logement
10 raisons de ressentir de la gratitude

Jour 35: _____
Exercice ''je m'aime', en vous regardant dans le miroir
pendant 2 minutes le matin.
Ma déclaration solennelle main sur le coeurVisualiser
durant 10 à 15 minutes
Répétez votre affirmation à peu près 300 fois durant lajournée.
Dépensez 14000 euros

Journal de tous les signes d'abondance que vous
avez vu ainsi que vos dépenses quotidiennes.Matin:

Respiration durant 1 minute

_____

_____
_____

Juste avant le déjeuné : Respirer pendant 1 minute

_____
_____
_____

Juste avant le dîner, respirez pendant 1 minute

_____
_____
_____

Soir : Préparer la liste des 3 choses à faire le lendemain
Exercice de ''apprendre la richesse''

Rangement du logement
10 raisons de ressentir de la gratitude

Brainstorm : Toutes les idées qui vont me mener vers plus d'argent :

Comment vous sentez-vous?

Je suis sûre que vous vous sentez mieux à votre sujet et à propos de votre vie. Si vous faites tout ce que je vous dis, vous devez recevoir des compliments quant à votre bonne mine toute ensoleillée! Vous avez peut-être déjà quelques entretiens?

Si non, vous n'avez pas à vous inquiéter mais à vous demander pourquoi vous ne trouvez pas le temps pour faire tous les exercices. Vous devez les faire. Vous avez acheté le livre, vous avez commencé du bon pied. Vous devez continuer!

Êtes-vous encore capable de dépenser virtuellement tous les euros que je vous présente? Non? Vous avez alors atteint un premier seuil de richesse. Plus vous augmenterez votre champ de vision et ouvrirez votre esprit sur les possibilités infinies de s'enrichir, plus vous serez en mesure de dépenser cet argent fictif.

Je sais que vous pouvez le faire! J'en suis certaine.

Prenez le temps de regarder la situation, les pours et les contres. Réfléchissez sur les raisons qui vous empêchent de faire les exercices tous les jours. Promettez-vous d'essayer plus fort la semaine suivante.Croyez en vous! Vous avez le pouvoir! Prenez-le!

_____

_____

_____

_____

_____

_____

Cette semaine, vous allez ajouter un seul exercice àvotre nouvelle routine.

Celui-ci se nomme silence. De nombreuses personnesparlent des bénéfices apportés par la méditation.Malheureusement, la majorité de la population nel'utilise pas. Si vous le faites, bravo! Si non, voici unexemple de façon de méditer. Rapportez-vous également au vidéo sur la méditation dans

https://store.slavicabogdanov.com/collections/french-francais/products/attirez-lemploi-ideal-grace-a-la-loi-de-lattraction

Si vous n'avez jamais médité auparavant, vous vous demandez comment cela se fait et pourquoi vous devriez le faire. Toutes les personnes qui ont du succès pratique la méditation. Cela va vous aider à augmenter votre pouvoir de concentration et de calme et à vous centrer sur ce qui compte vraiment.

Nous vivons dans un monde qui bouge beaucoup dans lequel nous nous perdons souvent, que ce soit dans notre travail ou nos relations. Combien de fois entendons-nous les gens dirent: ''je me cherche''. Beaucoup trop de gens vivent par procuration, pour faire plaisir à autrui. En restant dans le silence, nous pouvons retrouver notre essence profonde et nourrir notre âme. Du même coup, vous ralentirez vos pensées ce qui vous permettra de cesser le monologue négatif intérieur. Votre niveau de concentration sera supérieur et vous pourrez vous sentir plus tranquille et en contrôlede vous.

Pour les débutants, je vous demanderai simplement un silence de 5 minutes. Vous commencerez par 5 et progressivement augmenterez la dose jusqu'à vous rendre à 20 minutes de silence quotidien.

Comment trouver le temps? Levez-vous plus tôt, c'est facile. De nombreuses personnes regardent en moyenne la télévision 3-4 heures par jour. Vous pouvez sûrement trouver 5 minutes dans votre journée.

Il existe différents moyens de méditer. Vous devriez vous habitez à méditer 2 fois par jour. Celle que j'utilise le plus fréquemment est la plus simple.

Il s'agit tout simplement de porter votre attention sur votre respiration. Croyez-moi, c'est la chose la plus difficile à faire et la plus facile. Vous devez trouvez un endroit calme dans lequel vous ne serez pas dérange. Si vous avez des enfants, vous pouvez vous enfermer dans les toilettes, au pire des cas. Si non, demandez à votre conjoint de s'en occuper. Vous avez le droit à ce moment de tranquillité. Vous serez plus à même d'offrir plus d'amour si vous le faites.

Trouver un siège confortable et asseyez-vous avec vos mains à plats sur vos genoux, les paumes vers le ciel. Les deux pieds doivent être bien ancrés au sol. Respirez profondément et ne faites attention qu'à votre respiration. Fermez vos yeux et calmez-vous. Faites attention à votre respiration. Remarquez l'air qui rentre plus frais et celui qui sort plus chaud. Pensez au fait que vous nettoyez votre corps à chaque respiration. Laissez aller votre esprit. Vous avez beaucoup de pensées qui circulent dans votre tête et il est nécessaire de faire le vide. Laissez-les passer et faites attention à votre souffle. Ne faites pas attention à vos pensées. Il y en aura beaucoup au début, puis de moins en moins. Avec le temps, vous aurez plus de silence et presque plus de pensées envahissantes.

Une autre façon de ce faire est de faire une liste de tout ce que vous souhaitez (les grandes lignes). Lisez la liste à haute voie et imaginez avoir déjà tout obtenu. Comment vous sentiriez-vous? Soulagé? Prenez une grade respiration, relâchez votre souffle et relaxé! Imaginez que vous avez atteint tout vos but. Adopter le sentiment de soulagement. Habituez-vous à le ressentir.

Nous pouvons le faire!! Êtes-vous prêt?

Dites OUI Dites OUI Dites
OUI!!!!!

Je peux le faireJe peux le faire
JE VAIS LE FAIRE!!!

Jour 36: _____

Exercice ''je m'aime', en vous regardant dans le miroirpendant 2 minutes le matin.

Ma déclaration solennelle main sur le coeur5 minutes de silence au moins

Visualiser durant 10 à 15 minutes

Répétez votre affirmation à peu près 300 fois durant lajournée.

Journal de tous les signes d'abondance que vous avez vu ainsi que vos dépenses quotidiennes.Matin:

Respiration durant 1 minute

_____

_____
_____
_____

Juste avant le déjeuné : Respirer pendant 1 minute

_____
_____
_____

Juste avant le dîner, respirez pendant 1 minute

_____
_____
_____

Soir : Préparer la liste des 3 choses à faire le lendemain
Exercice de ''apprendre la richesse''

Rangement du logement
10 raisons de ressentir de la gratitude

Jour 37: _____

Exercice ''je m'aime', en vous regardant dans le miroir pendant 2 minutes le matin.

Ma déclaration solennelle main sur le coeur5 minutes de silence au moins

Visualiser durant 10 à 15 minutes

Répétez votre affirmation à peu près 300 fois durant lajournée.

Journal de tous les signes d'abondance que vous avez vu ainsi que vos dépenses quotidiennes.Matin:

Respiration durant 1 minute

_____

_____
_____
_____

Juste avant le déjeuné : Respirer pendant 1 minute

_____
_____
_____

Juste avant le dîner, respirez pendant 1 minute

_____
_____
_____

Soir : Préparer la liste des 3 choses à faire le lendemain
Exercice de ''apprendre la richesse''

Rangement du logement
10 raisons de ressentir de la gratitude

Jour 38: _____

Exercice ''je m'aime', en vous regardant dans le miroirpendant 2 minutes le matin.

Ma déclaration solennelle main sur le coeur5 minutes de silence au moins

Visualiser durant 10 à 15 minutes

Répétez votre affirmation à peu près 300 fois durant lajournée.

Journal de tous les signes d'abondance que vous avez vu ainsi que vos dépenses quotidiennes.Matin:

Respiration durant 1 minute

_____

_____
_____
_____

Juste avant le déjeuné : Respirer pendant 1 minute

_____
_____
_____

Juste avant le dîner, respirez pendant 1 minute

_____
_____
_____

Soir : Préparer la liste des 3 choses à faire le lendemain
Exercice de ''apprendre la richesse''

Rangement du logement
10 raisons de ressentir de la gratitude

Jour 39: _____

Exercice ''je m'aime', en vous regardant dans le miroir
pendant 2 minutes le matin.

Ma déclaration solennelle main sur le coeur5 minutes de
silence au moins

Visualiser durant 10 à 15 minutes

Répétez votre affirmation à peu près 300 fois durant lajournée.

Journal de tous les signes d'abondance que vous
avez vu ainsi que vos dépenses quotidiennes.Matin:

Respiration durant 1 minute

_____

    _____

    _____

    _____

Juste avant le déjeuné : Respirer pendant 1 minute

    _____

    _____

    _____

Juste avant le dîner, respirez pendant 1 minute

    _____

    _____

    _____

Soir : Préparer la liste des 3 choses à faire le lendemain
Exercice de ''apprendre la richesse''

Rangement du logement
10 raisons de ressentir de la gratitude

Jour 40: _____

Exercice ''je m'aime', en vous regardant dans le miroir
pendant 2 minutes le matin.
Ma déclaration solennelle main sur le coeur5 minutes
de silence au moins
Visualiser durant 10 à 15 minutes
Répétez votre affirmation à peu près 300 fois durant lajournée.

Journal de tous les signes d'abondance que vous
avez vu ainsi que vos dépenses quotidiennes.Matin:

Respiration durant 1 minute

_____

_____
_____

Juste avant le déjeuné : Respirer pendant 1 minute

_____
_____
_____

Juste avant le dîner, respirez pendant 1 minute

_____
_____
_____

Soir : Préparer la liste des 3 choses à faire le lendemain
Exercice de ''apprendre la richesse''

Rangement du logement
10 raisons de ressentir de la gratitude

Jour 41: _____

Exercice ''je m'aime', en vous regardant dans le miroir
pendant 2 minutes le matin.

Ma déclaration solennelle main sur le coeur5 minutes de
silence au moins

Visualiser durant 10 à 15 minutes

Répétez votre affirmation à peu près 300 fois durant lajournée.

Journal de tous les signes d'abondance que vous
avez vu ainsi que vos dépenses quotidiennes.Matin:

Respiration durant 1 minute

_____

_____

_____

_____

Juste avant le déjeuné : Respirer pendant 1 minute

_____

_____

_____

Juste avant le dîner, respirez pendant 1 minute

_____

_____

_____

Soir : Préparer la liste des 3 choses à faire le lendemain
Exercice de ''apprendre la richesse''

Rangement du logement
10 raisons de ressentir de la gratitude

Jour 42: _____
Exercice ''je m'aime', en vous regardant dans le miroir
pendant 2 minutes le matin.
Ma déclaration solennelle main sur le coeur5 minutes
de silence au moins
Visualiser durant 10 à 15 minutes
Répétez votre affirmation à peu près 300 fois durant lajournée.

Journal de tous les signes d'abondance que vous
avez vu ainsi que vos dépenses quotidiennes.Matin:

Respiration durant 1 minute

_____

_____
_____

Juste avant le déjeuné : Respirer pendant 1 minute

_____
_____
_____

Juste avant le dîner, respirez pendant 1 minute

_____
_____
_____

Soir : Préparer la liste des 3 choses à faire le lendemain
Exercice de ''apprendre la richesse''

Rangement du logement
10 raisons de ressentir de la gratitude

Brainstorm : Toutes les idées qui vont me mener vers plus d'argent :

Ça y est! Vous êtes à la moitié du programme!
FÉLICITATIONS!
Vous vous y êtes rendus! Applaudissez-
vous haut et fort!
Célébrez en vous cuisinant un bon petit repas!OUI,

VOUS Y ÊTES ARRIVÉ!

Comment vous êtes-vous senti dans le silence? Sentiez- vous que beaucoup de pensées vous embêtaient, vous empêchaient de rester tranquille. C'est normal. Avec le temps, vous aurez de moins en mois de pensées tracassantes et négatives.

Vous n'avez pas à craindre le silence. Au contraire, vous irez beaucoup mieux ainsi. N'ayez pas peur. Rien de mal ne peut vous arriver. Si vous avez des mauvais souvenirs qui refont surface, vous pouvez les laissez passer sans les revivre à nouveau, sans les juger. Tout le monde a des pensées négatives qui ressurgissent. Avec le temps, vous arriverez à les limiter au minimum.

Écrivez ci-dessous les moments ou vous avez failli, les peurs que vous avez et promettez-vous de faire mieux:

_____

_____

_____

_____

_____

_____

_____

_____

_____

Pour la semaine 7, nous allons être encore un peu plus sérieux. Nous allons monter à l'étape supérieure.

Vous allez ajouter de l'exercice physique léger à votre routine. ET OUI!! Vous devez bouger! Pour ceux qui bougent déjà pas mal, vous pouvez rajouter du yoga,par exemple ou plus de sport.

J'aimerai que vous fassiez ce que vous avez souvent remis à plus tard.

Écrivez quel exercice vous vous promettez de faire

Cette semaine, vous allez avoir plus de résultats pour votre corps et pour votre esprit. Rappelez-vous que vous vous aimez et, donc, vous voulez vous montrer cet amour. De plus, la loi de l'attraction demande une fréquence énergétique plus élevée. Le sport vous permet d'augmenter cette fréquence positive. De plus, il vous met de bonne humeur et la bonne humeur est signe que votre vie va mieux. Grâce à la loi de l'attraction, vous attirez ainsi de meilleures circonstances.

Plus vous ferez attention à vous et à votre corps et plus vous attirerez des bonnes choses dans votre vie, dans tous les aspects de celle-ci.

Je veux que vous preniez le temps de vous inscrire au moins à une activité qui se rapporte à ce que vous aimez faire, qui vous rempli de joie.

De nombreuses personnes souhaitent avoir plus

d'argent pour avoir plus de temps pour faire ce qu'elles aiment faire. Vous pouvez dès à présent pratiquer certaines activités qui vous passionnent à plus petites doses jusqu'à ce que vous soyez en mesure de vous en payez de plus en plus.

N'attendez pas d'être riche ou à la retraite pour vivre avec passion. Vivez d'abord pleinement votre vie et la richesse viendra à vous. Prenez votre agenda et bloquer votre horaire pour vous y mettre rapidement. N'ayez crainte, tout le monde est comme vous. Tout le monde a peur de commencer une nouvelle activité. Ne vous en faites pas.

De plus, à partir de maintenant, si ce n'est pas déjà le cas, je veux que vous surveilliez votre alimentation. Trop de café, de sucre, l'alcool ou autre poison, les mets copieux font baisser votre état énergétique. Vous allez augmenter votre consommation d'eau.

Je veux que vous passiez plus de temps à écouter de la musique inspirante. Allez danser, amusez-vous, réapprenez à rire davantage. Ne donnez plus autant d'importance à tout ce qui semble si sérieux.

Vous devez également apprendre à ne plus vous préoccuper. Si vous êtes habitué à être inquiet, soucieux du futur, stressé par vos problèmes, cet état devient votre zone de confort. Si vous courez perpétuellement vers de nouveaux succès, la quête et non l'atteinte de ses buts devient la norme. Dès que vous sortirez de cet état "normal", vous serez en dehors de votre zone de confort, dans l'inconnu. Vous aurez beaucoup plus de chances de retourner à la zone connue de stress et de soucis.

C'est une des raisons pour laquelle de nombreuses personnes sabotent leur réussite. Le succès, ce sentiment d'être au sommet, et le soulagement peuvent faire peur si on ne l'a jamais expérimenté. Certains individus vont demeurer dans une situation extrêmement précaire voir hostile simplement parce qu'ils s'y sont habitués.

Pour améliorer grandement vos conditions de vie et atteindre vos rêves, vous devez dès à présent vous accoutumer à vivre dans le succès. Pour ce faire, vous devez vous exercer à ne plus accepter le souci comme choix de réaction. Il est nécessaire d'agir dans chaque domaine de sa vie en y prêtant attention, en le faisant avec intérêt, en prenant son temps, en vivant avec succès.

Visualisez la manière dont vous vous comporterez quand vous aurez atteints vos rêves et n'aurez plus à vous soucier de rien. Vous pourriez enfin prendre le temps de vivre et de profiter de votre existence pleinement, n'est-ce pas? C'est ce sentiment qu'il vous faut développer dès à présent. Prenez cinq minutes par jour pour vous imprégner de cette sensation de bien-être

Il est primordial que votre zone de confort devienne le soulagement, la joie, la sérénité. Cela peut être dur à s'imaginer, mais cela s'apprend. Au fil des ans, vous avez pratiqué, des heures entières, l'art de vouspréoccuper et de vous soucier.

Si votre point central de norme, votre point d'ancrage, votre centre de gravité sont les soucis ou les manques, vous ne pourrez pas vous en sortir sans expérimenter un déséquilibre. La préoccupation et le stress sont des choix de sentiments que vous pouvez changer. Dans la plupart des cas, ils sont associés à des éventualités futures qui ne sont pas réellement fondées dans le présent, mais se basent avec erreur sur des expériences plus ou moins similaires dans le passé. Apprenez par conséquent à choisir le sentiment de relaxation et non de préoccupation et vous attirerez les circonstances qui s'y prêtent.

Nous pouvons le faire!! Êtes-vous prêt?Dites OUI
Dites OUI Dites OUI!!!!!

Je peux le faireJe peux le
faire
JE VAIS LE FAIRE!!!

Jour 43: _____

Exercice ''je m'aime', en vous regardant dans le miroir
pendant 2 minutes le matin.
Ma déclaration solennelle main sur le coeur5 minutes de
silence au moins
Visualiser durant 10 à 15 minutes
Répétez votre affirmation à peu près 300 fois durant lajournée.

Journal de tous les signes d'abondance que vous
avez vu ainsi que vos dépenses quotidiennes.Matin:

Respiration durant 1 minute

_____

       _____
       _____

Juste avant le déjeuné : Respirer pendant 1 minute

       _____
       _____
       _____

Juste avant le dîner, respirez pendant 1 minute

       _____
       _____
       _____

Soir : Préparer la liste des 3 choses à faire le lendemain
Exercice de ''apprendre la richesse''
Exercice léger comme une marche de 20 minutesRangement du
logement
10 raisons de ressentir de la gratitude

Jour 44: _____

Exercice ''je m'aime', en vous regardant dans le miroir
pendant 2 minutes le matin.
Ma déclaration solennelle main sur le coeur5 minutes
de silence au moins
Visualiser durant 10 à 15 minutes
Répétez votre affirmation à peu près 300 fois durant lajournée.

Journal de tous les signes d'abondance que vous
avez vu ainsi que vos dépenses quotidiennes.Matin:

Respiration durant 1 minute

_____

_____
_____
_____

Juste avant le déjeuné : Respirer pendant 1 minute

_____
_____
_____

Juste avant le dîner, respirez pendant 1 minute

_____
_____
_____

Soir : Préparer la liste des 3 choses à faire le lendemain
Exercice de ''apprendre la richesse''
Exercice léger comme une marche de 20 minutesRangement
du logement
10 raisons de ressentir de la gratitude

Jour 45: _____

Exercice ''je m'aime', en vous regardant dans le miroir pendant 2 minutes le matin.

Ma déclaration solennelle main sur le coeur5 minutes de silence au moins

Visualiser durant 10 à 15 minutes

Répétez votre affirmation à peu près 300 fois durant lajournée.

Journal de tous les signes d'abondance que vous avez vu ainsi que vos dépenses quotidiennes.Matin:

Respiration durant 1 minute

_____

    _____

    _____

    _____

Juste avant le déjeuné : Respirer pendant 1 minute

    _____

    _____

    _____

Juste avant le dîner, respirez pendant 1 minute

    _____

    _____

    _____

Soir : Préparer la liste des 3 choses à faire le lendemain

Exercice de ''apprendre la richesse''

Exercice léger comme une marche de 20 minutesRangement du logement

10 raisons de ressentir de la gratitude

Jour 46: _____

Exercice ''je m'aime', en vous regardant dans le miroirpendant 2 minutes le matin.

Ma déclaration solennelle main sur le coeur5 minutes de silence au moins

Visualiser durant 10 à 15 minutes

Répétez votre affirmation à peu près 300 fois durant lajournée.

Journal de tous les signes d'abondance que vousavez vu ainsi que vos dépenses quotidiennes.

Matin: Respiration durant 1 minute

_____
_____
_____

Juste avant le déjeuné : Respirer pendant 1 minute

_____
_____
_____

Juste avant le dîner, respirez pendant 1 minute

_____
_____
_____

Soir : Préparer la liste des 3 choses à faire le lendemain

Exercice de ''apprendre la richesse''

Exercice léger comme une marche de 20 minutesRangement du logement

10 raisons de ressentir de la gratitude

Jour 47: _____
Exercice ''je m'aime', en vous regardant dans le miroir
pendant 2 minutes le matin.
Ma déclaration solennelle main sur le coeur5 minutes de
silence au moins
Visualiser durant 10 à 15 minutes
Répétez votre affirmation à peu près 300 fois durant lajournée.

Journal de tous les signes d'abondance que vous
avez vu ainsi que vos dépenses quotidiennes.Matin:

Respiration durant 1 minute

_____

_____
_____
_____

Juste avant le déjeuné : Respirer pendant 1 minute

_____
_____
_____

Juste avant le dîner, respirez pendant 1 minute

_____
_____
_____

Soir : Préparer la liste des 3 choses à faire le lendemain
Exercice de ''apprendre la richesse''
Exercice léger comme une marche de 20 minutesRangement du
logement
10 raisons de ressentir de la gratitude

Jour 48: _____

Exercice ''je m'aime', en vous regardant dans le miroir
pendant 2 minutes le matin.
Ma déclaration solennelle main sur le coeur5 minutes
de silence au moins
Visualiser durant 10 à 15 minutes
Répétez votre affirmation à peu près 300 fois durant lajournée.

Journal de tous les signes d'abondance que vous
avez vu ainsi que vos dépenses quotidiennes.Matin:

Respiration durant 1 minute

_____

      _____
      _____
      _____

Juste avant le déjeuné : Respirer pendant 1 minute

      _____
      _____
      _____

Juste avant le dîner, respirez pendant 1 minute

      _____
      _____
      _____

Soir : Préparer la liste des 3 choses à faire le lendemainExercice de
''apprendre la richesse''
Exercice léger comme une marche de 20 minutesRangement
du logement
10 raisons de ressentir de la gratitude

Jour 49: _____

Exercice ''je m'aime', en vous regardant dans le miroir pendant 2 minutes le matin.
Ma déclaration solennelle main sur le coeur5 minutes de silence au moins
Visualiser durant 10 à 15 minutes
Répétez votre affirmation à peu près 300 fois durant lajournée.

Journal de tous les signes d'abondance que vous avez vu ainsi que vos dépenses quotidiennes.Matin:

Respiration durant 1 minute

_____

    _____
    _____

Juste avant le déjeuné : Respirer pendant 1 minute

    _____
    _____
    _____

Juste avant le dîner, respirez pendant 1 minute

    _____
    _____
    _____

Soir : Préparer la liste des 3 choses à faire le lendemain
Exercice de ''apprendre la richesse''
Exercice léger comme une marche de 20 minutesRangement du logement
10 raisons de ressentir de la gratitude

Brainstorm : Toutes les idées qui vont me mener vers
plus d'argent :

_____
_____
_____
_____
_____
_____
_____
_____
_____
_____
_____
_____
_____
_____
_____
_____
_____
_____
_____
_____
_____
_____
_____
_____
_____
_____
_____
_____

Ok, super. Je sais. Vous n'avez probablement pas fait d'exercices physiques aux moments indiqués. En avez- vous fait un peu? Ne me donnez surtout pas l'excuse dumanque de temps.

Vous savez que vous pouvez trouver du temps. Vous pouvez couper sur la télé ou les medias sociaux. Il le faut, pour l'amour de vous!

Relisez votre promesse et les raisons qui vous poussent à vouloir attirer l'abondance et motivez-vous à faire un premier pas puis un second. Vous serez encore plus fierquand vous y arriverez.

Vous savez que je vous aime. Vous vous aimez. Vous devez vous améliorez et faire de votre mieux chaque jour pour vous rendre ou vous voulez être. Vous pouvezle faire!

Écrivez ci-dessous les moments ou vous avez failli et promettez-vous de faire mieux:

_____

_____

_____

_____

_____

_____

_____

_____

_____

_____

Pour la 8e semaine, nous allons ajouter l'exercice de la gratitude au réveil.

Chaque matin, vous pouvez vous refaire. Vous avez tous les jours la chance de pouvoir changer et vous améliorez. Peu importe ce qui s'est passé la vieille, le futur peut comporter de nouvelles opportunités, des rencontres qui peuvent vous aider, de nouvelles solutions auxquelles vous n'aviez pas songé.

Dès que vous ouvrirez les yeux, je veux que vous pensiez aux raisons qui vous font apprécier la vie. Prenez 2-3 minutes avant même de vous lever. Plusieurs idées négatives peuvent s'immiscer. Décider de vous reprendre et de réorienter votre pensé vers l'appréciation.

Plus vous vivrez dans la gratitude, plus vous attirerez de raisons d'apprécier votre vie. Je vous le garanti! Votre niveau de vibration sera plus élevé et vous provoquerez plus de chance. Vous attirerez de plus en plus de circonstances positives.

Nous pouvons le faire!! Êtes-vous prêt?Dites OUI
Dites OUI Dites OUI!!!!!

Je peux le faireJe peux le
faire
JE VAIS LE FAIRE!!!

Jour 50: _____

Je vois le jour rempli de gratitude et d'appréciation Exercice ''je m'aime', en vous regardant dans le miroirpendant 2 minutes le matin. Ma déclaration solennelle main sur le coeur5 minutes de silence au moins

Visualiser durant 10 à 15 minutes

Répétez votre affirmation à peu près 300 fois durant lajournée.

Journal de tous les signes d'abondance que vous avez vu ainsi que vos dépenses quotidiennes.Matin:

Respiration durant 1 minute

_____

_____

_____

Juste avant le déjeuné : Respirer pendant 1 minute

_____

_____

_____

Juste avant le dîner, respirez pendant 1 minute

_____

_____

_____

Soir : Préparer la liste des 3 choses à faire le lendemain

Exercice de ''apprendre la richesse''

Exercice léger comme une marche de 20 minutesRangement du logement

10 raisons de ressentir de la gratitude

Jour 51: _____

Je vois le jour rempli de gratitude et d'appréciation Exercice ''je m'aime', en vous regardant dans le miroirpendant 2 minutes le matin.

Ma déclaration solennelle main sur le coeur5 minutes de silence au moins

Visualiser durant 10 à 15 minutes

Répétez votre affirmation à peu près 300 fois durant lajournée.

Journal de tous les signes d'abondance que vous avez vu ainsi que vos dépenses quotidiennes.Matin:

Respiration durant 1 minute

_____

_____

_____

Juste avant le déjeuné : Respirer pendant 1 minute

_____

_____

_____

Juste avant le dîner, respirez pendant 1 minute

_____

_____

_____

Soir : Préparer la liste des 3 choses à faire le lendemain

Exercice de ''apprendre la richesse''

Exercice léger comme une marche de 20 minutesRangement du logement

10 raisons de ressentir de la gratitude

Jour 52: _____

Je vois le jour rempli de gratitude et d'appréciation Exercice ''je m'aime', en vous regardant dans le miroirpendant 2 minutes le matin.
Ma déclaration solennelle main sur le coeur5 minutes de silence au moins
Visualiser durant 10 à 15 minutes
Répétez votre affirmation à peu près 300 fois durant lajournée.

Journal de tous les signes d'abondance que vous avez vu ainsi que vos dépenses quotidiennes.Matin:

Respiration durant 1 minute

_____

    _____
    _____

    Juste avant le déjeuné : Respirer pendant 1 minute

    _____
    _____
    _____

    Juste avant le dîner, respirez pendant 1 minute

    _____
    _____
    _____

Soir : Préparer la liste des 3 choses à faire le lendemain
Exercice de ''apprendre la richesse''
Exercice léger comme une marche de 20 minutesRangement du logement
10 raisons de ressentir de la gratitude

Jour 53: _____

Je vois le jour rempli de gratitude et d'appréciation Exercice ''je m'aime', en vous regardant dans le miroirpendant 2 minutes le matin.

Ma déclaration solennelle main sur le coeur5 minutes de silence au moins

Visualiser durant 10 à 15 minutes

Répétez votre affirmation à peu près 300 fois durant lajournée.

Journal de tous les signes d'abondance que vous avez vu ainsi que vos dépenses quotidiennes.Matin:

Respiration durant 1 minute

_____

    _____

    _____

Juste avant le déjeuné : Respirer pendant 1 minute

    _____

    _____

    _____

Juste avant le dîner, respirez pendant 1 minute

    _____

    _____

    _____

Soir : Préparer la liste des 3 choses à faire le lendemain

Exercice de ''apprendre la richesse''

Exercice léger comme une marche de 20 minutesRangement du logement

10 raisons de ressentir de la gratitude

Jour 54: _____

Je vois le jour rempli de gratitude et d'appréciation Exercice ''je m'aime', en vous regardant dans le miroirpendant 2 minutes le matin. Ma déclaration solennelle main sur le coeur5 minutes de silence au moins

Visualiser durant 10 à 15 minutes

Répétez votre affirmation à peu près 300 fois durant lajournée.

Journal de tous les signes d'abondance que vous avez vu ainsi que vos dépenses quotidiennes.Matin:

Respiration durant 1 minute

_____

     _____

     _____

Juste avant le déjeuné : Respirer pendant 1 minute

     _____

     _____

     _____

Juste avant le dîner, respirez pendant 1 minute

     _____

     _____

     _____

Soir : Préparer la liste des 3 choses à faire le lendemain

Exercice de ''apprendre la richesse''

Exercice léger comme une marche de 20 minutesRangement du logement

10 raisons de ressentir de la gratitude

Jour 55: _____

Je vois le jour rempli de gratitude et d'appréciation Exercice ''je m'aime', en vous regardant dans le miroirpendant 2 minutes le matin.

Ma déclaration solennelle main sur le coeur5 minutes de silence au moins

Visualiser durant 10 à 15 minutes

Répétez votre affirmation à peu près 300 fois durant lajournée.

Journal de tous les signes d'abondance que vous avez vu ainsi que vos dépenses quotidiennes.Matin:

Respiration durant 1 minute

_____

_____

_____

Juste avant le déjeuné : Respirer pendant 1 minute

_____

_____

_____

Juste avant le dîner, respirez pendant 1 minute

_____

_____

_____

Soir : Préparer la liste des 3 choses à faire le lendemain

Exercice de ''apprendre la richesse''

Exercice léger comme une marche de 20 minutesRangement du logement

10 raisons de ressentir de la gratitude

Jour 56: _____

Je vois le jour rempli de gratitude et d'appréciation Exercice ''je m'aime', en vous regardant dans le miroirpendant 2 minutes le matin. Ma déclaration solennelle main sur le coeur5 minutes de silence au moins
Visualiser durant 10 à 15 minutes
Répétez votre affirmation à peu près 300 fois durant lajournée.

Journal de tous les signes d'abondance que vous avez vu ainsi que vos dépenses quotidiennes.Matin:

Respiration durant 1 minute

_____

_____
_____
_____

Juste avant le déjeuné : Respirer pendant 1 minute

_____
_____
_____

Juste avant le dîner, respirez pendant 1 minute

_____
_____
_____

Soir : Préparer la liste des 3 choses à faire le lendemain
Exercice de ''apprendre la richesse''
Exercice léger comme une marche de 20 minutesRangement du logement
10 raisons de ressentir de la gratitude

Brainstorm : Toutes les idées qui vont me mener vers plus d'argent :

_____

_____

_____

_____

_____

_____

_____

_____

_____

_____

_____

_____

_____

_____

_____

_____

_____

_____

_____

_____

_____

_____

_____

_____

_____

_____

_____

Comment vous sentez-vous? Avez-vous réussi à faire tous les exercices? Ne vous sentez pas mal si vous en avez été incapable, cela se produit tout le temps. Est-ce que vous avez honte de votre conduite? Ça va. Ne vous en faites pas autant! Cela arrive à tout le monde. Vous ferez mieux la prochaine fois.

Ne blâmez pas vos proches, vos enfants, votre conjoint ou vos amis. Prenez-en l'entière responsabilité. Vous n'avez pas su dire ''non'' aux invitations des autres. Il faut apprendre, être fort et décidez de se contrôler. L'être humain a réussi tant de prouesses, vous pouvez sûrement vous surpasser. Continuez à vous exercer.

Rappelez-vous à quel point vous vous sentirez bien quand vous vous rendrez à votre but! Visualiser le résultat aussi souvent que possible! Fermez les yeux et imaginez votre bonheur quand vous serez riche.

Écrivez ci-dessous les moments ou vous avez failli et promettez-vous de faire mieux:

_____

_____

_____

_____

_____

_____

_____

_____

_____

Semaine 9, nous faisons le ménage de votre passé

Le passé n'est nullement garant de votre avenir. Souvent. Les expériences passées, surtout si elles sont négatives vont nous bloquer à attirer un futur positif.

Il est important de changer ceci. Dans l'exercice qui suit, vous aller décrire un événement passé, relié à votre situation financière. J'aimerai que vous décriviez l'expérience en détail. Ensuite, vous allez décrire comment cette expérience s'impose dans votre présent et influence celui-ci. Quelles sont les pensées négatives qui y sont associées.

Vous allez d'abord n'indiquer que l'événement qui s'est produit, sans ajouter d'interprétation. Je veux que vous excluiez tous les éléments émotifs reliés àl'événement exprimé.

_____
_____
_____
_____
_____
_____
_____
_____

En second lieu, vous allez ajouter comment vous avez interprété cette situation. Par exemple, un événement peut être décrit comme : ''J'ai perdu mon emploi''. L'interprétation peut être la suivante : ''Je ,arrive jamais à garder un poste assez longtemps''. Écrivez la façon dont vous avez interprété cet événement :

En dernier lieu, vous allez changer d'interprétation et en créez une plus positive. Par exemple, ''j'ai perdu mon emploi et cela me donne la chance de trouver bien mieux. Il y a plus d'argent dans l'univers et j'ai gagné de l'expérience. Interpréter ces événements différemment. Vous allez débuter par respirer profondément puis, on expirant, vous allez relâcher un gros ''et alors''.

J'aimerai que vous reveniez régulièrement à cet exercice. Dès que vous aurez une pensée négative qui provient du passé, je veux que vous débarrassiez l'événement de sa charge émotive négative, que vous le regardiez sans émotion. Ensuite, je veux que vous trouviez le côté positif de la situation.

Cela va complètement changer votre niveau d'énergie. Cela va vous permettre de vous débarrasser des souvenirs négatifs et de ne plus les laisser influencer votre futur.

Plus vous vous sentez bien, plus vous serez différent. Et plus vous vous sentirez bien, plus les gens agiront différemment autours de vous, les circonstances seront de plus en plus positives. C'est un cercle merveilleux qui vous embarquera dans une vie magique remplie de prospérité et de bonheur.

De plus, tâchez de vous éloignez des personnes négatives. Ne regardez pas trop les nouvelles, surtout si elles traitent de crise économique! Entourez-vous d'images positives, optimistes. Continuez!! Vous êtes sur la bonne voie. Faites tous les exercices prescrits.

Nous pouvons le faire!! Êtes-vous prêt?Dites OUI
Dites OUI
Dites OUI!!!!!

Je peux le faireJe peux le
faire
JE VAIS LE FAIRE!!!

Jour 57: _____

Je vois le jour rempli de gratitude et d'appréciation Exercice ''je m'aime', en vous regardant dans le miroirpendant 2 minutes le matin. Ma déclaration solennelle main sur le coeur5 minutes de silence au moins

Visualiser durant 10 à 15 minutes

Répétez votre affirmation à peu près 300 fois durant lajournée.

Journal de tous les signes d'abondance que vous avez vu ainsi que vos dépenses quotidiennes.Matin:

Respiration durant 1 minute

_____

_____
_____

Juste avant le déjeuné : Respirer pendant 1 minute

_____
_____
_____

Juste avant le dîner, respirez pendant 1 minute

_____
_____
_____

Soir : Préparer la liste des 3 choses à faire le lendemain
Exercice de ''apprendre la richesse''
Exercice léger comme une marche de 20 minutesRangement du logement
10 raisons de ressentir de la gratitude

Jour 58: _____

Je vois le jour rempli de gratitude et d'appréciation Exercice ''je m'aime', en vous regardant dans le miroirpendant 2 minutes le matin.

Ma déclaration solennelle main sur le coeur5 minutes de silence au moins

Visualiser durant 10 à 15 minutes

Répétez votre affirmation à peu près 300 fois durant lajournée.

Journal de tous les signes d'abondance que vous avez vu ainsi que vos dépenses quotidiennes.Matin:

Respiration durant 1 minute

_____

_____
_____
_____

Juste avant le déjeuné : Respirer pendant 1 minute

_____
_____
_____

Juste avant le dîner, respirez pendant 1 minute

_____
_____
_____

Soir : Préparer la liste des 3 choses à faire le lendemain

Exercice de ''apprendre la richesse''

Exercice léger comme une marche de 20 minutesRangement du logement

10 raisons de ressentir de la gratitude

Jour 59: _____

Je vois le jour rempli de gratitude et d'appréciation Exercice ''je m'aime', en vous regardant dans le miroirpendant 2 minutes le matin.
Ma déclaration solennelle main sur le coeur5 minutes de silence au moins
Visualiser durant 10 à 15 minutes
Répétez votre affirmation à peu près 300 fois durant lajournée.

Journal de tous les signes d'abondance que vous avez vu ainsi que vos dépenses quotidiennes.Matin:

Respiration durant 1 minute

_____

_____
_____

Juste avant le déjeuné : Respirer pendant 1 minute

_____
_____
_____

Juste avant le dîner, respirez pendant 1 minute

_____
_____
_____

Soir : Préparer la liste des 3 choses à faire le lendemain
Exercice de ''apprendre la richesse''
Exercice léger comme une marche de 20 minutesRangement du logement
10 raisons de ressentir de la gratitude

Jour 60: _____

Je vois le jour rempli de gratitude et d'appréciation Exercice ''je m'aime', en vous regardant dans le miroirpendant 2 minutes le matin.

Ma déclaration solennelle main sur le coeur5 minutes de silence au moins

Visualiser durant 10 à 15 minutes

Répétez votre affirmation à peu près 300 fois durant lajournée.

Journal de tous les signes d'abondance que vous avez vu ainsi que vos dépenses quotidiennes.Matin:

Respiration durant 1 minute

_____

_____
_____
_____

Juste avant le déjeuné : Respirer pendant 1 minute

_____
_____
_____

Juste avant le dîner, respirez pendant 1 minute

_____
_____
_____

Soir : Préparer la liste des 3 choses à faire le lendemain

Exercice de ''apprendre la richesse''

Exercice léger comme une marche de 20 minutesRangement du logement

10 raisons de ressentir de la gratitude

Vous avez passé le deuxième mois. Si vous faites tous les exercices, vous devriez déjà voir de gros changements au niveau de votre situation financière. J'aimerai que vous fassiez le calcul de toutes vos dépenses du mois précédent et que vous les classiez dans les catégories suivantes :

Nécessités	Dettes	Loisirs-plaisirs	Autre

J'aimerai que vous calculiez de nouveau le pourcentage que chacune de ces catégories représentent par rapport àvotre salaire net.

Vous devriez être de plus en plus prêt des pourcentages prescrits. Vous ne devriez pas avoir plus 10% de dépenses reliées au plaisir.

Vous pouvez toujours vous reprendre et vous améliorer.

Continuez de tenir compte de vos dépenses au quotidien.

Jour 61 : _____

Je vois le jour rempli de gratitude et d'appréciation Exercice ''je m'aime', en vous regardant dans le miroirpendant 2 minutes le matin.

Ma déclaration solennelle main sur le coeur5 minutes de silence au moins

Visualiser durant 10 à 15 minutes

Répétez votre affirmation à peu près 300 fois durant lajournée.

Journal de tous les signes d'abondance que vous avez vu ainsi que vos dépenses quotidiennes.Matin:

Respiration durant 1 minute

_____

_____

_____

Juste avant le déjeuné : Respirer pendant 1 minute

_____

_____

_____

Juste avant le dîner, respirez pendant 1 minute

_____

_____

_____

Soir : Préparer la liste des 3 choses à faire le lendemain

Exercice de ''apprendre la richesse''

Exercice léger comme une marche de 20 minutesRangement du logement

10 raisons de ressentir de la gratitude

Jour 62: _____

Je vois le jour rempli de gratitude et d'appréciation Exercice ''je m'aime', en vous regardant dans le miroirpendant 2 minutes le matin. Ma déclaration solennelle main sur le coeur5 minutes de silence au moins
Visualiser durant 10 à 15 minutes
Répétez votre affirmation à peu près 300 fois durant lajournée.

Journal de tous les signes d'abondance que vous avez vu ainsi que vos dépenses quotidiennes.Matin:

Respiration durant 1 minute

_____

_____

_____

Juste avant le déjeuné : Respirer pendant 1 minute

_____

_____

_____

Juste avant le dîner, respirez pendant 1 minute

_____

_____

_____

Soir : Préparer la liste des 3 choses à faire le lendemain
Exercice de ''apprendre la richesse''
Exercice léger comme une marche de 20 minutesRangement du logement
10 raisons de ressentir de la gratitude

Jour 63: _____

Je vois le jour rempli de gratitude et d'appréciation Exercice ''je m'aime', en vous regardant dans le miroirpendant 2 minutes le matin.

Ma déclaration solennelle main sur le coeur5 minutes de silence au moins

Visualiser durant 10 à 15 minutes

Répétez votre affirmation à peu près 300 fois durant lajournée.

Journal de tous les signes d'abondance que vous avez vu ainsi que vos dépenses quotidiennes.Matin:

Respiration durant 1 minute

_____

_____
_____
_____

Juste avant le déjeuné : Respirer pendant 1 minute

_____
_____
_____

Juste avant le dîner, respirez pendant 1 minute

_____
_____
_____

Soir : Préparer la liste des 3 choses à faire le lendemain

Exercice de ''apprendre la richesse''

Exercice léger comme une marche de 20 minutesRangement du logement

10 raisons de ressentir de la gratitude

Brainstorm : Toutes les idées qui vont me mener vers
plus d'argent :

_____

_____

_____

_____

_____

_____

_____

_____

_____

_____

_____

_____

_____

_____

_____

_____

_____

_____

_____

_____

_____

_____

_____

_____

_____

_____

_____

_____

Super! 2/3 de votre programme est passé. Comment vous sentez-vous?

Vous sentez vous plus léger émotionnellement? Lisez- vous régulièrement les raisons pour lesquelles vous voulez être riche? Est-ce que vous remarquez plus de preuves de richesse dans votre vie. Avez-vous déjà commencé à développer une idée qui pourrait vous rapporter? Avez-vous trouvé un emploi?

Avez-vous reçu des compliments récemment? Vous sentez-vous mieux de l'intérieur? Je suis certaine que vous avez l'air super! Je suis sure que vous refléter la lumière du succès!

Levez la tête et marchez droit! Vous avez de quoi être fier! VOUS ÊTES GÉNIAL et je VOUS AIME!!!

Écrivez ci-dessous les moments ou vous avez failli et promettez-vous de faire mieux:

_____

_____

_____

_____

_____

_____

_____

_____

_____

_____

Pour la semaine 10, vous allez vous écrire une promesse. Cela semble étrange mais c'est très important. Pourquoi? Parce que nous aimons écrire nos voeux de bonheur et nos promesses aux gens que nous aimons, alors pourquoi ne pas commencer par soi?

Vous allez vous écrire une promesse solennelle ci-dessous. Par exemple, vous allez vous promettre de toujours avoir une bonne nuit de sommeil, de ne jamais manger plus que vous en avez besoin, de toujours vous cajoler et vous aimer ...

Écrivez-le dans vos mots à vous et retranscrivez le sur un petit morceau de papier.

_____
_____
_____
_____
_____
_____
_____
_____
_____
_____
_____
_____

J'aimerais que vous lisiez cette promesse tous les jours au milieu de la journée, comme une prière que vous vous faites à vous même, de faire attention à vous quoi qu'il arrive. Une promesse de votre amour pour vous.

Cet exercice est important (comme tous les autres) car

il va augmenter votre estime de vous et votre amour propre. Vous ne voulez jamais faire de mal à quelqu'un que vous aimez donc vous allez vous aimer infiniment plus. Plus vous allez mettre du focus sur l'amour, plus vous allez vous attirer de bonnes choses. Plus vous vous aimez, moins vous accepterez de drame dans votre vie. Ceux-ci feront place à la prospérité. Le bonheur ressenti en accroissant son amour propre vous attirera la fortune.

La joie, l'amour, le bonheur attirent l'argent et nonl'inverse.

Nous pouvons le faire!! Êtes-vous prêt?Dites OUI
Dites OUI Dites OUI!!!!!

Je peux le faireJe peux le
faire
JE VAIS LE FAIRE!!!

Jour 66: _____

Je vois le jour rempli de gratitude et d'appréciation Exercice ''je m'aime', en vous regardant dans le miroirpendant 2 minutes le matin. Ma déclaration solennelle main sur le coeur5 minutes de silence au moins

Visualiser durant 10 à 15 minutes

Répétez votre affirmation à peu près 300 fois durant lajournée.

Journal de tous les signes d'abondance que vous avez vu ainsi que vos dépenses quotidiennes.Matin:

Respiration durant 1 minute

_____

_____

_____

_____

Juste avant le déjeuné : Respirer pendant 1 minuteVotre promesse du midi

_____

_____

_____

Juste avant le dîner, respirez pendant 1 minute

_____

_____

Soir : Préparer la liste des 3 choses à faire le lendemain

Exercice de ''apprendre la richesse''

Exercice léger comme une marche de 20 minutesRangement du logement

10 raisons de ressentir de la gratitude

Jour 67: _____

Je vois le jour rempli de gratitude et d'appréciation Exercice ''je m'aime', en vous regardant dans le miroirpendant 2 minutes le matin.

Ma déclaration solennelle main sur le coeur5 minutes de silence au moins

Visualiser durant 10 à 15 minutes

Répétez votre affirmation à peu près 300 fois durant lajournée.

Journal de tous les signes d'abondance que vous avez vu ainsi que vos dépenses quotidiennes.Matin:

Respiration durant 1 minute

_____

_____

_____

Juste avant le déjeuné : Respirer pendant 1 minuteVotre promesse du midi

_____

_____

_____

Juste avant le dîner, respirez pendant 1 minute

_____

_____

Soir : Préparer la liste des 3 choses à faire le lendemain

Exercice de ''apprendre la richesse''

Exercice léger comme une marche de 20 minutesRangement du logement

10 raisons de ressentir de la gratitude

Jour 68: _____

Je vois le jour rempli de gratitude et d'appréciation Exercice ''je m'aime', en vous regardant dans le miroirpendant 2 minutes le matin. Ma déclaration solennelle main sur le coeur5 minutes de silence au moins
Visualiser durant 10 à 15 minutes
Répétez votre affirmation à peu près 300 fois durant lajournée.

Journal de tous les signes d'abondance que vous avez vu ainsi que vos dépenses quotidiennes.Matin:

Respiration durant 1 minute

_____

_____
_____
_____

Juste avant le déjeuné : Respirer pendant 1 minuteVotre promesse du midi

_____
_____
_____

Juste avant le dîner, respirez pendant 1 minute

_____
_____

Soir : Préparer la liste des 3 choses à faire le lendemain
Exercice de ''apprendre la richesse''
Exercice léger comme une marche de 20 minutesRangement du logement
10 raisons de ressentir de la gratitude

Jour 69: _____

Je vois le jour rempli de gratitude et d'appréciation Exercice ''je m'aime', en vous regardant dans le miroirpendant 2 minutes le matin.

Ma déclaration solennelle main sur le coeur5 minutes de silence au moins

Visualiser durant 10 à 15 minutes

Répétez votre affirmation à peu près 300 fois durant lajournée.

Journal de tous les signes d'abondance que vous avez vu ainsi que vos dépenses quotidiennes.Matin:

Respiration durant 1 minute

_____

    _____

    _____

    _____

Juste avant le déjeuné : Respirer pendant 1 minuteVotre promesse du midi

    _____

    _____

    _____

Juste avant le dîner, respirez pendant 1 minute

    _____

    _____

Soir : Préparer la liste des 3 choses à faire le lendemain

Exercice de ''apprendre la richesse''

Exercice léger comme une marche de 20 minutesRangement du logement

10 raisons de ressentir de la gratitude

Jour 70: _____

Je vois le jour rempli de gratitude et d'appréciation Exercice ''je m'aime', en vous regardant dans le miroirpendant 2 minutes le matin. Ma déclaration solennelle main sur le coeur5 minutes de silence au moins

Visualiser durant 10 à 15 minutes

Répétez votre affirmation à peu près 300 fois durant lajournée.

Journal de tous les signes d'abondance que vous avez vu ainsi que vos dépenses quotidiennes.Matin:

Respiration durant 1 minute

_____

_____
_____
_____

Juste avant le déjeuné : Respirer pendant 1 minuteVotre promesse du midi

_____
_____
_____

Juste avant le dîner, respirez pendant 1 minute

_____
_____

Soir : Préparer la liste des 3 choses à faire le lendemain
Exercice de ''apprendre la richesse''
Exercice léger comme une marche de 20 minutesRangement du logement
10 raisons de ressentir de la gratitude

Brainstorm : Toutes les idées qui vont me mener vers plus d'argent :

_____

_____

_____

_____

_____

_____

_____

_____

_____

_____

_____

_____

_____

_____

_____

_____

_____

_____

_____

_____

_____

_____

_____

_____

_____

_____

Comment vous sentez-vous? Si vous suivez mes conseils, vous devez sûrement vous sentir beaucoupmieux! Vous êtes extraordinaire!

Même si vous ne faites que la moitié de ce que je vous demande, c'est déjà beaucoup plus que ce que vous faisiez dans le passé.

Pensez aux raisons qui vous empêchent de faire de votre mieux. Créez un plan pour vous débarrassez des excuses qui vous empêchent d'avancer.

Si vous avez déjà trouvé l,emploi rêvé, continuez tout de même ce programme d'exercices.

Vous méritez le meilleur dans la vie. Ne l'oubliez jamais!

Écrivez ci-dessous les moments ou vous avez failli etpromettez-vous de faire mieux:

_____

_____

_____

_____

_____

_____

_____

_____

Semaine onze. Cette semaine porte sur le thème du pardon. Je vous demanderais de ne faire que cela, pardonner. J'aimerais que chaque jour vous laissiez partir un peu de haine, un eu de ressentiment, un peu decolère …

Vous ferez ceci en 2 étapes. Dans la première, vous allez nommer la personne qui, selon vous, vous a fait du tord. Vous allez décrire avec le plus de mots et de sentiments possibles ce qui vous a fait souffrir dans le comportement de cette personne.

Vous allez laisser partir cette haine, colère, tristesse… Il n'est pas nécessaire d'accepter ce que l'autre a fait. Laissez seulement partir la rage et le ressentiment. Pas parce que vous voulez revoir cette personne de nouveau. Pardonnez pour vous libérer. Le fait que vous êtes en colère ne change rien dans la vie de l'autre. Cette colère n'affecte que vous. En vous libérant de cette douleur, vous allégez votre coeur.

Dans la deuxième partie, je veux que vous fassiez la même chose pour vous. Écrivez-vous une lettre d'amour vous pardonnant vos erreurs passées. Pardonnez-vous d'avoir accepter dans votre vie ces gens négatifs qui vous ont fait souffrir. Pardonnez-vous d'avoir vécu de la souffrance et vos erreurs passées. Laissez partir le tout!

L'univers vous aime et je vous aime. Vous pouvez le faire! Arrêtez vous tous les soirs et écrivez, au moins partiellement, ce que vous voulez pardonner. Chaque jour, relâcher un peu plus de la peine du passé.

Nous pouvons le faire!! Êtes-vous prêt?Dites OUI
Dites OUI Dites OUI!!!!!

Je peux le faireJe peux le faire
JE VAIS LE FAIRE!!!

Jour 71: _____

Je vois le jour rempli de gratitude et d'appréciation Exercice ''je m'aime', en vous regardant dans le miroirpendant 2 minutes le matin.

Ma déclaration solennelle main sur le coeur10 minutes de silence au moins

Visualiser durant 10 à 15 minutes

Répétez votre affirmation à peu près 300 fois durant lajournée.

Journal de tous les signes d'abondance que vous avez vu ainsi que vos dépenses quotidiennes.Matin:

Respiration durant 1 minute

_____

_____

_____

Juste avant le déjeuné : Respirer pendant 1 minuteVotre promesse du midi

_____

_____

_____

Juste avant le dîner, respirez pendant 1 minute

_____

_____

Soir : Préparer la liste des 3 choses à faire le lendemain

Exercice de ''apprendre la richesse''

Exercice léger comme une marche de 20 minutesRangement du logement

10 raisons de ressentir de la gratitudeMa lettre de pardon

Jour 72: _____

Je vois le jour rempli de gratitude et d'appréciation Exercice ''je m'aime', en vous regardant dans le miroirpendant 2 minutes le matin. Ma déclaration solennelle main sur le coeur10 minutes de silence au moins

Visualiser durant 10 à 15 minutes

Répétez votre affirmation à peu près 300 fois durant lajournée.

Journal de tous les signes d'abondance que vous avez vu ainsi que vos dépenses quotidiennes.Matin:

Respiration durant 1 minute

_____

_____

_____

Juste avant le déjeuné : Respirer pendant 1 minuteVotre promesse du midi

_____

_____

_____

Juste avant le dîner, respirez pendant 1 minute

_____

_____

Soir : Préparer la liste des 3 choses à faire le lendemain

Exercice de ''apprendre la richesse''

Exercice léger comme une marche de 20 minutesRangement du logement

10 raisons de ressentir de la gratitudeMa lettre de pardon

Jour 73: _____

Je vois le jour rempli de gratitude et d'appréciation Exercice ''je m'aime', en vous regardant dans le miroirpendant 2 minutes le matin.

Ma déclaration solennelle main sur le coeur10 minutes de silence au moins

Visualiser durant 10 à 15 minutes

Répétez votre affirmation à peu près 300 fois durant lajournée.

Journal de tous les signes d'abondance que vous avez vu ainsi que vos dépenses quotidiennes.Matin:

Respiration durant 1 minute

_____

_____

_____

Juste avant le déjeuné : Respirer pendant 1 minuteVotre promesse du midi

_____

_____

_____

Juste avant le dîner, respirez pendant 1 minute

_____

_____

Soir : Préparer la liste des 3 choses à faire le lendemainExercice de ''apprendre la richesse''

Exercice léger comme une marche de 20 minutesRangement du logement

10 raisons de ressentir de la gratitudeMa lettre de pardon

Jour 74: _____

Je vois le jour rempli de gratitude et d'appréciation Exercice ''je m'aime', en vous regardant dans le miroirpendant 2 minutes le matin. Ma déclaration solennelle main sur le coeur10 minutes de silence au moins
Visualiser durant 10 à 15 minutes
Répétez votre affirmation à peu près 300 fois durant lajournée.

Journal de tous les signes d'abondance que vous avez vu ainsi que vos dépenses quotidiennes.Matin:

Respiration durant 1 minute

_____

_____
_____

Juste avant le déjeuné : Respirer pendant 1 minuteVotre promesse du midi

_____
_____
_____

Juste avant le dîner, respirez pendant 1 minute

_____
_____

Soir : Préparer la liste des 3 choses à faire le lendemain
Exercice de ''apprendre la richesse''
Exercice léger comme une marche de 20 minutesRangement du logement
10 raisons de ressentir de la gratitudeMa lettre de pardon

Jour 75: _____

Je vois le jour rempli de gratitude et d'appréciation Exercice ''je m'aime', en vous regardant dans le miroirpendant 2 minutes le matin.

Ma déclaration solennelle main sur le coeur10 minutes de silence au moins

Visualiser durant 10 à 15 minutes

Répétez votre affirmation à peu près 300 fois durant lajournée.

Journal de tous les signes d'abondance que vous avez vu ainsi que vos dépenses quotidiennes.Matin:

Respiration durant 1 minute

_____

_____

_____

Juste avant le déjeuné : Respirer pendant 1 minuteVotre promesse du midi

_____

_____

_____

Juste avant le dîner, respirez pendant 1 minute

_____

_____

Soir : Préparer la liste des 3 choses à faire le lendemain

Exercice de ''apprendre la richesse''

Exercice léger comme une marche de 20 minutesRangement du logement

10 raisons de ressentir de la gratitudeMa lettre de pardon

Jour 76: _____

Je vois le jour rempli de gratitude et d'appréciation Exercice ''je m'aime', en vous regardant dans le miroirpendant 2 minutes le matin. Ma déclaration solennelle main sur le coeur10 minutes de silence au moins

Visualiser durant 10 à 15 minutes

Répétez votre affirmation à peu près 300 fois durant lajournée.

Journal de tous les signes d'abondance que vous avez vu ainsi que vos dépenses quotidiennes.Matin:

Respiration durant 1 minute

_____

_____

_____

Juste avant le déjeuné : Respirer pendant 1 minuteVotre promesse du midi

_____

_____

_____

Juste avant le dîner, respirez pendant 1 minute

_____

_____

Soir : Préparer la liste des 3 choses à faire le lendemain

Exercice de ''apprendre la richesse''

Exercice léger comme une marche de 20 minutesRangement du logement

10 raisons de ressentir de la gratitudeMa lettre de pardon

Jour 77: _____

Je vois le jour rempli de gratitude et d'appréciation Exercice ''je
m'aime', en vous regardant dans le miroirpendant 2 minutes le
matin.
Ma déclaration solennelle main sur le coeur10 minutes
de silence au moins
Visualiser durant 10 à 15 minutes
Répétez votre affirmation à peu près 300 fois durant lajournée.

Journal de tous les signes d'abondance que vous
avez vu ainsi que vos dépenses quotidiennes.Matin:

Respiration durant 1 minute

_____

_____

_____

Juste avant le déjeuné : Respirer pendant 1 minuteVotre
promesse du midi

_____

_____

_____

Juste avant le dîner, respirez pendant 1 minute

_____

_____

Soir : Préparer la liste des 3 choses à faire le lendemain
Exercice de ''apprendre la richesse''
Exercice léger comme une marche de 20 minutesRangement
du logement
10 raisons de ressentir de la gratitudeMa lettre
de pardon

Brainstorm : Toutes les idées qui vont me mener vers plus d'argent :

_____

_____

_____

_____

_____

_____

_____

_____

_____

_____

_____

_____

_____

_____

_____

_____

_____

_____

_____

_____

_____

_____

_____

_____

_____

_____

_____

Comment vous sentez-vous? Avez-vous été capable de pardonner à quelqu'un en particulier partiellement ou complètement? Parfois, cela peut s'avérer être un long processus. Pardonnez de petits événements pour commencer avant de vous attaquer à des heurts plus importants.

Vous méritez de vivre en paix et la paix peut se trouver quand vous n'avez plus d'attachements aux douleurs passées. Ne le faites pas pour faire plaisir aux autres mais parce que vous allez vous libérer de ces sentiments de colère et de haine.

Je vous aime et, par conséquent, je souhaite votre réussite! J'espère que vous le comprenez. Je n'aurais pas passé mon temps à créer ceci si je ne vous aimais pas.

Écrivez ci dessous ce que vous avez trouvez de plus difficile afin de vous permettre d'avancer:

_____
_____
_____
_____
_____
_____
_____
_____

Vous y êtes presque…Douzième semaine! Cette semaine va être soit très facile ou très difficile. De toutes les manières, vous êtes arrives jusqu'ici, vous devriez pouvoir franchir cette étape-ci!

Vous pouvez être ce super héro et vous le savez!
D'autres y sont arrivés et vous aussi le pouvez!

Si vous n,avez toujours pas trouvé l'emploi rêvé, j'aimerai que vous écriviez tous les jours les bons côtés que vous voyez à faire cet emploi. Qu'est-ce que cela vous procurera?

De plus, apprenez à complètement lâchez prise. En restant trop attaché aux résultats, vous bloquez peut-être la loi de l'attraction. Pour en savoir plus sur le lâcher prise, je vous conseille de vous procurer la base vitale sur la loi de l'attraction:
https://store.slavicabogdanov.com/collections/french-francais/products/attirez-lemploi-ideal-grace-a-la-loi-de-lattraction

FAISONS-LE!! Êtes-vous prêt?

Dites OUI Dites OUI Dites
OUI!!!!!

Je peux le faireJe peux le faire
JE VAIS LE FAIRE!!!

215

Jour 78: _____

Je vois le jour rempli de gratitude et d'appréciation Exercice ''je m'aime', en vous regardant dans le miroirpendant 2 minutes le matin.

Ma déclaration solennelle main sur le coeur10 minutes de silence au moins

Visualiser durant 10 à 15 minutes

Répétez votre affirmation à peu près 300 fois durant lajournée.

Journal de tous les signes d'abondance que vous avez vu ainsi que vos dépenses quotidiennes.Matin:

Respiration durant 1 minute

_____

_____

Juste avant le déjeuné : Respirer pendant 1 minuteVotre promesse du midi

_____

_____

_____

Juste avant le dîner, respirez pendant 1 minute

_____

_____

Soir : Préparer la liste des 3 choses à faire le lendemainLes bénéfices de mon emploi rêvé

Exercice de ''apprendre la richesse''

Exercice léger comme une marche de 20 minutesRangement du logement

10 raisons de ressentir de la gratitudeMa lettre de pardon

Jour 79: _____

Je vois le jour rempli de gratitude et d'appréciation Exercice ''je m'aime', en vous regardant dans le miroirpendant 2 minutes le matin.
Ma déclaration solennelle main sur le coeur10 minutes de silence au moins
Visualiser durant 10 à 15 minutes
Répétez votre affirmation à peu près 300 fois durant lajournée.

Journal de tous les signes d'abondance que vous avez vu ainsi que vos dépenses quotidiennes.Matin:

Respiration durant 1 minute

_____

Juste avant le déjeuné : Respirer pendant 1 minuteVotre promesse du midi

_____
_____
_____

Juste avant le dîner, respirez pendant 1 minute

_____
_____

Soir : Préparer la liste des 3 choses à faire le lendemainLes bénéfices de mon emploi rêvé
Exercice de ''apprendre la richesse''
Exercice léger comme une marche de 20 minutesRangement du logement
10 raisons de ressentir de la gratitudeMa lettre de pardon

Jour 80: _____

Je vois le jour rempli de gratitude et d'appréciation Exercice ''je m'aime', en vous regardant dans le miroirpendant 2 minutes le matin.

Ma déclaration solennelle main sur le coeur10 minutes de silence au moins

Visualiser durant 10 à 15 minutes

Répétez votre affirmation à peu près 300 fois durant lajournée.

Journal de tous les signes d'abondance que vous avez vu ainsi que vos dépenses quotidiennes.Matin:

Respiration durant 1 minute

_____

Juste avant le déjeuné : Respirer pendant 1 minuteVotre promesse du midi

_____
_____
_____

Juste avant le dîner, respirez pendant 1 minute

_____
_____

Soir : Préparer la liste des 3 choses à faire le lendemainLes bénéfices de mon emploi rêvé

Exercice de ''apprendre la richesse''

Exercice léger comme une marche de 20 minutesRangement du logement

10 raisons de ressentir de la gratitudeMa lettre de pardon

Jour 81: _____

Je vois le jour rempli de gratitude et d'appréciation Exercice ''je m'aime', en vous regardant dans le miroirpendant 2 minutes le matin.
Ma déclaration solennelle main sur le coeur10 minutes de silence au moins
Visualiser durant 10 à 15 minutes
Répétez votre affirmation à peu près 300 fois durant lajournée.

Journal de tous les signes d'abondance que vous avez vu ainsi que vos dépenses quotidiennes.Matin:

Respiration durant 1 minute

_____

Juste avant le déjeuné : Respirer pendant 1 minuteVotre promesse du midi

_____
_____
_____

Juste avant le dîner, respirez pendant 1 minute

_____
_____

Soir : Préparer la liste des 3 choses à faire le lendemainLes bénéfices de mon emploi rêvé
Exercice de ''apprendre la richesse''
Exercice léger comme une marche de 20 minutesRangement du logement
10 raisons de ressentir de la gratitudeMa lettre de pardon

Jour 82: _____

Je vois le jour rempli de gratitude et d'appréciation Exercice ''je m'aime', en vous regardant dans le miroirpendant 2 minutes le matin.

Ma déclaration solennelle main sur le coeur10 minutes de silence au moins

Visualiser durant 10 à 15 minutes

Répétez votre affirmation à peu près 300 fois durant lajournée.

Journal de tous les signes d'abondance que vous avez vu ainsi que vos dépenses quotidiennes.Matin:

Respiration durant 1 minute

_____

_____

Juste avant le déjeuné : Respirer pendant 1 minuteVotre promesse du midi

_____

_____

_____

Juste avant le dîner, respirez pendant 1 minute

_____

_____

Soir : Préparer la liste des 3 choses à faire le lendemainLes bénéfices de mon emploi rêvé

Exercice de ''apprendre la richesse''

Exercice léger comme une marche de 20 minutesRangement du logement

10 raisons de ressentir de la gratitudeMa lettre de pardon

Jour 83: _____

Je vois le jour rempli de gratitude et d'appréciation Exercice ''je m'aime', en vous regardant dans le miroirpendant 2 minutes le matin. Ma déclaration solennelle main sur le coeur10 minutes de silence au moins
Visualiser durant 10 à 15 minutes
Répétez votre affirmation à peu près 300 fois durant lajournée.

Journal de tous les signes d'abondance que vous avez vu ainsi que vos dépenses quotidiennes.Matin:

Respiration durant 1 minute

_____

Juste avant le déjeuné : Respirer pendant 1 minuteVotre promesse du midi

_____
_____
_____

Juste avant le dîner, respirez pendant 1 minute

_____
_____

Soir : Préparer la liste des 3 choses à faire le lendemainLes bénéfices de mon emploi rêvé
Exercice de ''apprendre la richesse''
Exercice léger comme une marche de 20 minutesRangement du logement
10 raisons de ressentir de la gratitudeMa lettre de pardon

Jour 84: _____

Je vois le jour rempli de gratitude et d'appréciation Exercice ''je m'aime', en vous regardant dans le miroirpendant 2 minutes le matin.

Ma déclaration solennelle main sur le coeur10 minutes de silence au moins

Visualiser durant 10 à 15 minutes

Répétez votre affirmation à peu près 300 fois durant lajournée.

Journal de tous les signes d'abondance que vous avez vu ainsi que vos dépenses quotidiennes.Matin:

Respiration durant 1 minute

_____

_____

Juste avant le déjeuné : Respirer pendant 1 minuteVotre promesse du midi

_____

_____

_____

Juste avant le dîner, respirez pendant 1 minute

_____

_____

Soir : Préparer la liste des 3 choses à faire le lendemainLes bénéfices de mon emploi rêvé

Exercice de ''apprendre la richesse''

Exercice léger comme une marche de 20 minutesRangement du logement

10 raisons de ressentir de la gratitudeMa lettre de pardon

Dernière semaine. Ça y est vous y êtes!! Ou presque…

Cette semaine, vous ne ferez rien de vraiment différent. Je veux que vous appreniez à garder ce rythme. Il vous faut maintenir les habitudes que vous avez développées jusqu'à ce jour.

Il est important que vous vous amélioriez sans cesse. Je sais que ça n'a pas toujours été facile. Mais, vous pouvez toujours de mieux en mieux. Même lorsque vous aurez votre emploi, gardez les habitudes reliés à la prospérité et l'abondance pour vous en attirer de plus enplus.

Je veux que vous relisiez souvent ce livre depuis le début, que vous gardiez en tête ce qui vous motive à réussir.

De plus, j'aimerai que vous décidiez consciemment de ne jamais vous plaindre de votre situation financière. Habituez-vous à ne parler que de vos réussites financières passées, présentes ou futures.

Continuez!!!

Écrivez ci-dessous les raisons qui feront en sorte quevous voulez vous améliorer.

_____

_____

_____

_____

_____

Jour 85: _____

Je vois le jour rempli de gratitude et d'appréciation Exercice ''je m'aime', en vous regardant dans le miroirpendant 2 minutes le matin.

Ma déclaration solennelle main sur le coeur10 minutes de silence au moins

Visualiser durant 10 à 15 minutes

Répétez votre affirmation à peu près 300 fois durant lajournée.

Journal de tous les signes d'abondance que vous avez vu ainsi que vos dépenses quotidiennes.Matin:

Respiration durant 1 minute

_____

_____

Juste avant le déjeuné : Respirer pendant 1 minuteVotre promesse du midi

_____

_____

_____

Juste avant le dîner, respirez pendant 1 minute

_____

_____

Soir : Préparer la liste des 3 choses à faire le lendemainLes bénéfices de mon emploi rêvé

Exercice de ''apprendre la richesse''

Exercice léger comme une marche de 20 minutesRangement du logement

10 raisons de ressentir de la gratitudeMa lettre de pardon

Jour 86: _____

Je vois le jour rempli de gratitude et d'appréciation Exercice ''je m'aime', en vous regardant dans le miroirpendant 2 minutes le matin. Ma déclaration solennelle main sur le coeur10 minutes de silence au moins
Visualiser durant 10 à 15 minutes
Répétez votre affirmation à peu près 300 fois durant lajournée.

Journal de tous les signes d'abondance que vous avez vu ainsi que vos dépenses quotidiennes.Matin:

Respiration durant 1 minute

_____

_____

Juste avant le déjeuné : Respirer pendant 1 minuteVotre promesse du midi

_____

_____

_____

Juste avant le dîner, respirez pendant 1 minute

_____

_____

Soir : Préparer la liste des 3 choses à faire le lendemainLes bénéfices de mon emploi rêvé
Exercice de ''apprendre la richesse''
Exercice léger comme une marche de 20 minutesRangement du logement
10 raisons de ressentir de la gratitudeMa lettre de pardon

Jour 87: _____

Je vois le jour rempli de gratitude et d'appréciation Exercice ''je m'aime', en vous regardant dans le miroirpendant 2 minutes le matin.

Ma déclaration solennelle main sur le coeur10 minutes de silence au moins

Visualiser durant 10 à 15 minutes

Répétez votre affirmation à peu près 300 fois durant lajournée.

Journal de tous les signes d'abondance que vous avez vu ainsi que vos dépenses quotidiennes.Matin:

Respiration durant 1 minute

_____

_____

Juste avant le déjeuné : Respirer pendant 1 minuteVotre promesse du midi

_____

_____

_____

Juste avant le dîner, respirez pendant 1 minute

_____

_____

Soir : Préparer la liste des 3 choses à faire le lendemainLes bénéfices de mon emploi rêvé

Exercice de ''apprendre la richesse''

Exercice léger comme une marche de 20 minutesRangement du logement

10 raisons de ressentir de la gratitudeMa lettre de pardon

Jour 88: _____

Je vois le jour rempli de gratitude et d'appréciation Exercice ''je m'aime', en vous regardant dans le miroirpendant 2 minutes le matin.
Ma déclaration solennelle main sur le coeur10 minutes de silence au moins
Visualiser durant 10 à 15 minutes
Répétez votre affirmation à peu près 300 fois durant lajournée.

Journal de tous les signes d'abondance que vous avez vu ainsi que vos dépenses quotidiennes.Matin:

Respiration durant 1 minute

_____

Juste avant le déjeuné : Respirer pendant 1 minuteVotre promesse du midi

_____
_____
_____

Juste avant le dîner, respirez pendant 1 minute

_____
_____

Soir : Préparer la liste des 3 choses à faire le lendemainLes bénéfices de mon emploi rêvé
Exercice de ''apprendre la richesse''
Exercice léger comme une marche de 20 minutesRangement du logement
10 raisons de ressentir de la gratitudeMa lettre de pardon

Jour 89: _____

Je vois le jour rempli de gratitude et d'appréciation Exercice ''je m'aime', en vous regardant dans le miroirpendant 2 minutes le matin.

Ma déclaration solennelle main sur le coeur10 minutes de silence au moins

Visualiser durant 10 à 15 minutes

Répétez votre affirmation à peu près 300 fois durant lajournée.

Journal de tous les signes d'abondance que vous avez vu ainsi que vos dépenses quotidiennes.Matin:

Respiration durant 1 minute

_____

Juste avant le déjeuné : Respirer pendant 1 minuteVotre promesse du midi

_____
_____
_____

Juste avant le dîner, respirez pendant 1 minute

_____
_____

Soir : Préparer la liste des 3 choses à faire le lendemainLes bénéfices de mon emploi rêvé

Exercice de ''apprendre la richesse''

Exercice léger comme une marche de 20 minutesRangement du logement

10 raisons de ressentir de la gratitudeMa lettre de pardon

Jour 90: _____

Je vois le jour rempli de gratitude et d'appréciation Exercice ''je m'aime', en vous regardant dans le miroirpendant 2 minutes le matin. Ma déclaration solennelle main sur le coeur10 minutes de silence au moins
Visualiser durant 10 à 15 minutes
Répétez votre affirmation à peu près 300 fois durant lajournée.

Journal de tous les signes d'abondance que vous avez vu ainsi que vos dépenses quotidiennes.Matin:

Respiration durant 1 minute

_____

Juste avant le déjeuné : Respirer pendant 1 minuteVotre promesse du midi

_____
_____
_____

Juste avant le dîner, respirez pendant 1 minute

_____
_____

Soir : Préparer la liste des 3 choses à faire le lendemainLes bénéfices de mon emploi rêvé
Exercice de ''apprendre la richesse''
Exercice léger comme une marche de 20 minutesRangement du logement
10 raisons de ressentir de la gratitudeMa lettre de pardon

Brainstorm : Toutes les idées qui vont me mener vers
plus d'argent :

_____

_____

_____

_____

_____

_____

_____

_____

_____

_____

_____

_____

_____

_____

_____

_____

_____

_____

_____

_____

_____

_____

_____

_____

_____

_____

Jour 91 : _____

CÉLÉBREZ!! RÉJOUISSEZ-VOUS!!

Plus vous y mettrez de votre volonté et plus vos résultats seront impressionnants. Continuez à faire attention à l'argent et vous en accumulerez. Vivez avec soulagement. Ne laissez pas les préoccupations s'emparer de votre vie. L'Argent et le travail ne sont que des parties d'un tout et chacune des facettes de votre vie est importante. Rappelez-vous de garder cette balance en continuant de pratiquer la gratitude sur tout ce que vous recevez.

Refaites les exercices au fur et à mesure que vous en avez besoin.

Persévérez!!!

JE VOUS AIME!

Slavica Bogdanov

CONCLUSION

Mes chers amis, j'espère que vous avez appréciez cette route vers votre succès. Six mois ont déjà passé.WOW!
J'espère que vous avez suivi toutes les directives. Je souhaite vraiment que vous atteigniez vos buts et viviez heureux dans l'abondance et la prospérité.

J'aimerai que vous preniez le temps de revenir en arrière et d'observer votre progrès, remarquer à quel point vous avez évolué. Vous avez souffert. Vous avez persévéré et maintenant, vous avez gagné!

Bravo!

Gardez le cap!!

Si vous suivez ce programme, vous devriez être sur labonne voie ou déjà riche !

Tenez-moi au courant de vos progrès
slavicainc@gmail.com

Ou sur le site web: http://attractitude.com/

Je vous aime!!!

Slavica Bogdanov

À PROPOS DE L'AUTEUR

Auteur, formatrice et coach de vie, **SlavicaBogdanov** fonde son approche sur 3 piliers fondamentaux : **se fixer des objectifs – optimiser sontemps – avoir une haute estime de soi.**
Slavica utilise notamment la Loi de l'Attraction (toutesles choses qui vous arrivent ont été attirées par vos actions), et établit des stratégies et des conceptions en paliers afin d'**atteindre vos objectifs à votre rythme.** Slavica vous aide également à réarranger votre emploi du temps et la manière dont vous utilisez votre temps personnel mais également professionnel. Vous serez alors en mesure d'**accomplir plus en moins de temps,**et d'utiliser votre temps libre pour ce que vous aimez vraiment faire.

Slavica vous aide dans vos affaires, notamment concernant vos ventes ; de la préparation et marketing,à la prospection, l'art de présenter et d'établir un pré vente, et enfin la fermeture de la vente.

Slavica travaille également avec vous afin que votre estime de vous soit confortée. Si vous vous sentez au point mort dans votre vie, vous ne savez pas vraimentoù vous aller, Slavica vous aide à définir vos objectifset à vous fixer **un chemin de vie précis.**
Slavica a également rédigé une quinzaine de **livres** (enanglais et en français), sur différents sujets ; **commentperdre du poids, optimiser ses ventes, gagner plus d'argent…**

Slavica Bogdanov
Né à Belgrade et élevée à Paris, Slavica a déménagéensuite au Canada où elle a obtenu un Master en Histoire des Communications à l'Université de Montréal.

Pendant une quinzaine d'années, Slavica a notamment aidé les entreprises et entrepreneurs à augmenter leurs ventes et améliorer leurs portfolios. Slavica reste convaincue que **tout est possible lorsqu'on le souhaiteet que l'on se donne les moyens**. Elle a toujours aimé parler en public et donne de nombreuses conférences sur la façon dont on peut vivre sa vie pleinement et en prendre le contrôle.

Slavica consacre également beaucoup de son temps aux associations caritatives et peint lorsqu'elle a du temps libre. Elle tâche de **faire de sa vie un moyen d'inspirer les autres**.